2030
고용절벽
시대가 온다

4차 산업 혁명은 일자리를 어떻게 변화시킬까?

2030
고용절벽
시대가 온다

이노우에 도모히로 지음 | 김정환 옮김

다온북스
DAON BOOKS

차례

1장
인류 대 기계
...

2장
인공 지능은 어떻게 진화할 것인가?
...

3장
이노베이션 · 경제 성장 · 기술적 실업
...

4장

제4차 산업 혁명 후의 경제 — 고용의 미래

...

5장

왜 인공 지능의 시대에
기본 소득제가 필요한가?

...

인공 지능의 미래,
경제의 미래를 말하다

오늘날 기술이 진보하는 속도는 눈을 의심케 할 만큼 빠르다. 게다가 그 속도는 앞으로 더욱 빨라질 것이다. 내가 영어로 유창하게 대화할 수 있는 수준이 되기보다 먼저 완벽한 자동 통역기가 등장하고, 내가 대머리가 되기 전에 완전한 발모제가 개발될 것이다. 특히 '인공 지능'은 우리의 생활과 사회, 경제에 막대한 영향을 끼칠 것이며, 그런 의미에서 21세기는 틀림없이 '인공 지능'의 세기가 될 것이다.

'인공 지능'은 컴퓨터에 지적인 작업을 시키는 기술을 가리킨다. 우리 주변에서 볼 수 있는 인공 지능으로는 아이폰 등에서 작동하는 음성 조작 애플리케이션인 '시리Siri'가 있다. 나도 시리를 이용하고 있는데, "8시에 깨워 줘."라고 지시하면 틀림없이 그 시간에 알람을 울려 준다. 물론 내가 실제로 그 시간에 일어날 수 있느냐는 별개의 문제이지만……

인공 지능이 발달함에 따라 지금 우리가 당연하게 여기는 일상 속의 상식들도 점점 변화할 것이다. 가령 도요타나 혼다 등 자동차 회사들은 인공 지능이 인간을 대신해 운전하는 '자율 주행 자동차'를 도쿄 올림픽이 열리는 2020년까지 실현한다는 목표를 세웠다. 2050년에는 모든 자동차가 자율 주행 자동차로 대체될 것이라는 예측도 있다.[1] 술집에서 술을 마셔도 귀가를 걱정할 필요가 없다. 스마트폰 등으로 무인 자동차를 불러내 타고 곤하게 자다 눈을 뜨면 어느 새 집 앞이다. 이런 꿈같은 미래가 기다리고 있는 것이다.

알기 쉬운 변화를 가져올 기술로는 자율 주행 자동차와 함께 자동 통역 또는 자동 번역을 들 수 있다. 일본의 인공 지능 연구 선구자인 도쿄대학의 마쓰오 유타카松尾豊 준교수는 2025년쯤에는 컴퓨터가 말이나 글의 의미를 제대로 이해하고 자동 통역 또는 자동 번역을 해줄 수 있게 되리라고 예상했다. 이와 관련해 마쓰오 준교수는 '비포 자동 번역', '애프터 자동 번역'이라는 표현을 사용한다. '애프터 자동 번역'의 시대인 2025년 이후에는 일본 기업의 해외 진출도 해외 기업의 일본 진출도 지금보다 몇 곱절은 쉬워져 진정한 세계화가 도래하게 된다. 또한 학생들은 어쩌면 영어를 공부할 필요가 없어질지도 모른다. 영어가 대학의 필수 과목에서 제외되어 일부 호기심 많은 학생들이나 선택하는 비인기 과목으로 전락할 가능성도 있다.

그러나 내가 예상하기에 2030년 이후의 인공 지능은 이런 쉽게 상상이 가능한 우리 주변의 변화가 그저 사소한 사건으로 느껴질 만큼 경제와 사회의 모습을 크게 바꿔 놓지 않을까 싶다. 2030년경에는 '범용 인공 지능'이 개발될 것으로 예상되고 있기 때문이다. '범용 인공 지능'은 인간처럼 다양한 지적 작업을 수행할 수 있는 인공 지능을 의미한다.

지금 세상에 존재하는 인공 지능은 전부 한 가지 특화된 과제만을 수행할 수 있는 '특화형 인공 지능'이다. 예컨대 시리는 아이폰 등을 조작한다는 목적에 특화된 인공 지능이다. 바둑을 두는 인공 지능은 바둑을 두는 것만을, 체스를 두는 인공 지능은 체스를 두는 것만을 목적으로 만들어졌다. 이런 특화형 인공 지능이 끼치는 영향력은 경운기나 자동 개찰기 같은 기존의 기계와 질적으로 큰 차이가 없을지도 모른다.

최근 들어 인공 지능이 인간의 일자리를 빼앗을 것이라는 문제 제기가 활발해지고 있다. 실제로 자율 주행 자동차나 인공 지능 탑재 드론(무인 항공기)을 이용한 택배 서비스가 보급된다면 택시 기사나 트럭 운전기사, 택배 배송 기사가 일자리를 잃을 우려가 있다. 그러나 인간은 기계에 일자리를 빼앗기더라도 기계에 대해 우위에 설 수 있는 다른 일자리로 옮길 수 있다. 그런 측면에서는 자율 주행 자동차나 자동 개찰기나 본질적인 차이가 없다. 다만 앞으로 특화형 인공 지능이 속속 탄생한다면 양적으로는 기존의 기술을 능가하는 영향을 사회에 끼칠 것이다.

그런데 인간과 같은 수준의 지적 행동을 하는 이른바 범용 인공 지능이 실현되어 보급된다면 기존의 기술과는 질적으로도 다른 변화를 가져올 것으로 생각된다. 범용 인공 지능과 그것을 탑재한 로봇 등의 기계가 인간이 해 왔던 온갖 노동을 대신 하게 되어 경제 구조가 극적으로 전환될 것이기 때문이다. 그때 우리 인간의 일자리는 사라져 버릴까? 경제 성장은 정체될까? 아니면 폭발적으로 성장할까?

나는 대학 시절에 컴퓨터 공학computer science을 전공했으며 인공 지능과 관련된 세미나 그룹에 속해 있었다. 남들보다 공부를 게을리 하기는 했지만 그래도 어느 정도의 지식은 갖췄다고 자부한다. 그리고 지금은 어쩌다 보니 거시 경제학자로서 대학에서 학생들을 가르치고 있다. 거시 경제학은 한 나라의 GDP(국내 총생산)나 실업률, 경제 성장률 등이 어떻게 결정되는지 밝혀내는 경제학의 한 분야다. 그래서 인공 지능에 관해 나름의 지식을 갖춘 거시 경제학자로서 인공 지능이 경제에 어떤 영향을 끼칠지 이야기해 보려 한다.

거시 경제학은 그 이름대로 거시적인 학문이므로 개개의 인공 지능 기술이 각 산업이나 업종을 어떻게 바꿔 나갈 것인가 같은 문제는 이 책의 중심 주제가 아니다. 물론 이것도 중요한 문제이며 나 또한 흥미를 느끼고 있지만, 거시 경제학자가 자신 있게 다룰 수 있는 주제는 아니다. 내가 특히 중점을 두려고 하는 것은 예상대로 2030년경에 범용 인공 지능이 출현할 경우 경제 시스템의 구조는 어떻게 변화할 것이며, 경제 성장이나 고용은 어떤 영향을 받을 것이냐에 관한 논의다.

최근의 일본은 경제가 더디게 성장해 국민의 삶이 그다지 풍요로워지지 않는 소위 '잃어버린 20년'이라는 불황 속에서 허우적대고 있었다. 이에 아베 신조安倍晋三 정권은 불황으로부터 탈출하고자 '아베노믹스'라는 일련의 경제 정책을 내세웠다. 다만 아베노믹스의 핵심이라고도 할 수 있는(나는 핵심이라고 생각하지 않지만) 성장 전략의 경우, 언론으로부터 내용이 없다는 비판을 종종 받고 있다. 일본 경제를 장기적으로 보면 저출산·고령화가 계속 진행되고 성장률은 점점 낮아질 것으로 예상된다.

범용 인공 지능은 일본이 안고 있는 경제 문제를 해결해 주는 구세주가 될까? 아니면 사람들에게서 노동을 전부 빼앗아가는 결과로 끝나 버릴까? 후자가 될 가능성이 농후하지만, 그래도 범용 인공 지능의 연구 개발을 멈추기는 불가능한 상황인지도 모른다. 2015년경부터 범용 인공 지능의 세계적인 개발 경쟁이 시작되어 이 기술을 최초로 실현하고 도입한 나라가 향후 세계의 패권을 차지할 가능성이 있기 때문이다. 한편 개발이 뒤처진 나라는 그런 패권국의 먹잇감이 될지도 모른다. 일본이 먹잇감이 되어 후진국으로 전락할 우려도 있다.

범용 인공 지능이 보급된 끝에 찾아올 세계는 모든 사람이 풍요롭게 살 수 있는 유토피아일까, 아니면 일부가 풍요를 독차지하고 나머지는 가난해지는 디스토피아일까? 그것은 우리 자신이 어떤 미래를 선택하느냐에 달려 있다.

세상을 유토피아로 만들기 위해서는 아마도 현재의 사회 제도를 크게 변혁해야 할 것이다. 나는 범용 인공 지능이 보급된 미래에 반드시 도입되어야 할 제도로 '기본 소득제'를 꼽는다. 기본 소득제는 수입 수준과 상관없이 모든 사람에게 최소한의 생활비를 일률적으로 지급하는 제도다. 또한 세대가 아닌 개인을 단위로 지급하는 것이 특징이다. 예를 들면 남녀노소를 불문하고 국민 전원에게 한 달에 7만 엔씩 지급하는 식이다. 기본 소득제가 미래의 세계에 얼마나 필수적인 제도인가도 이 책의 주요 논점이다.

이 책의 구성은 다음과 같다.

1장에서는 인공 지능이 인간의 일자리를 빼앗는다거나 인간의 지성을 초월할 것이라는 등의 '인류 대 기계'라는 대립축을 둘러싼 최근의 화제를 있는 그대로 소개한다.

2장에서는 인공 지능이 앞으로 어떻게 진화할 것이며 지금으로부터 30년 뒤인 2045년경까지 무엇이 가능해지고 무엇이 불가능한 채로 남을지에 관해 내 나름의 전망을 제시한다. 기술적인 내용이 중심이 되지만, 인공 지능이 미래의 경제에 끼칠 파급력을 검토하기 위해서는 꼭 필요한 논의다.

3장에서는 2030년 이전의 인공 지능이 경제에 어떤 영향을 끼칠지에 관해 생각한다. 요컨대 이 장에서 논하는 것은 특화형 인공 지능이 어떻게 고용을 빼앗으며 어떻게 경제 성장을 촉진하느냐다.

4장에서는 2030년경에 일어날 것으로 예상되고 있는 제4차 산업혁명 이후의 경제가 어떤 모습일지 그려 본다. 범용 인공 지능은 수많은 노동을 소멸시키고, 경제의 구조를 근본적으로 변혁시킬 것이다. 또한 이 범용 인공 지능을 빠르게 도입한 나라와 그렇지 못한 나라 사이에 경제 성장의 커다란 격차, 즉 '제2의 대분기'가 발생할 것이라는 예상을 제시한다.

5장에서는 4장의 예상에 입각해서 대부분의 노동이 소멸된 미래의 세계에 기본 소득이 얼마나 적합한 제도인지를 논한다.

The Fourth Industrial Revolution

1장

인류 대 기계

나는 행운아다. 뇌는 근육이 아니니까.

스티븐 호킹 Stephen Hawking

호킹 박사의 우려는
현실이 될 것인가?

아는 사람도 많겠지만, 스티븐 호킹Stephen Hawking은 우주의 탄생과 관련된 위대한 발견을 한 영국의 이론 물리학자다. '휠체어를 탄 물리학자'로 불리는 호킹 박사는 근위축성 측색 경화증이라는 온몸의 근육이 움직이지 않게 되는 병을 앓고 있는 것으로도 유명하다(이 병은 메이저리그의 전설적인 야구 선수인 루 게릭Lou Gehrig이 걸린 병이어서 루게릭병이라고도 불린다—옮긴이).

호킹 박사의 반평생은 아카데미상 5개 부문 후보에 오른 영화 〈사랑에 대한 모든 것〉의 소재로도 사용되었다. 박사는 21세에 의사로부터 앞으로 2년밖에 살지 못할 것이라는 선고를 받았다. 그러나 한때 실의에 빠지기는 했어도 낙천적이고 장난기 많은 성격은 변하지 않았다. 이 장의 앞머리에서 소개한 말처럼 박사는 자신의 처지를 긍정적으로 생각하고 있다. 그래서인지 2년밖에 못 살기는커녕 70세를 훌쩍 넘긴 지금까지도 정력적으로 활동을 계속하고 있다.

그런데 이런 낙천적인 성격의 호킹 박사에게도 최근 들어 걱정거리가 있는 모양이다. 박사는 '인공 지능'의 발달이 미래의 인류에 엄청난 재난을 불러 오지 않을까 우려하고 있다.

'인공 지능Artificial Intelligence, AI'이라는 것은 지적인 작업을 수행하는 소프트웨어를 가리키는 말로, 컴퓨터상에서 작동한다. 우리 주변에서 쉽게 접할 수 있는 인공 지능으로는 아이폰 등에서 사용되는 음성 조작 애플리케이션 '시리Siri'가 있다.

AI와 비슷한 용어로 '로봇'이 있는데, 이쪽은 '인간과 똑같은 행동을 하는 기계' 혹은 '자율적으로 움직이는 기계'를 의미한다. AI는 컴퓨터나 스마트폰에서 이용될 뿐만 아니라 로봇의 제어에도 사용된다. 고도의 로봇에는 AI가 탑재된 컴퓨터가 장착되어 있다. 이 경우 로봇이 신체 부분을 담당하고 AI가 두뇌 부분을 담당한다고 생각하면 이해하기 쉬울 것이다. 혹은 로봇이 '하드웨어'이고 AI가 '소프트웨어'라고 생각해도 무방하다.

최근 들어 AI에 대한 관심이 높아지며 "AI 열풍이 불고 있다."라는 말조차 나오고 있는데, 사실 그 개념 자체는 옛날부터 있었다. '인공 지능'이라는 용어는 1956년에 컴퓨터 공학자인 존 매카시John McCarthy가 미국의 다트머스 대학에서 개최한 일명 '다트머스 회의'의 제안서에서 처음으로 사용했다. 당시 많은 연구자가 약 20년 뒤에는 인간 수준으로 생각할 수 있는 소프트웨어를 개발할 수 있으리라고 예측했는데, AI의 진보에 관한 이 낙관적인 예측은 보기 좋게 빗나갔다. 다트머스 회의에 참가한 컴퓨터 공학자 중 한 명인 허버트 사이먼 Herbert A. Simon은 1957년에 컴퓨터가 체스 챔피언을 이기기까지 10년이 채 걸리지 않을 것이라고 예측했지만, 실제로 그 예측이 실현된 때는 40년 후인 1997년이었다. 체스처럼 컴퓨터가 두각을 나타내기에 적합한 분야에서조차 이 모양이었다. 20세기에 AI는 기대만 클 뿐 기대만큼의 실적은 따르지 않는 기술이었던 것이다. 그러나 21세기가 되자 넓은 분야에 도움이 되는 기술로 탈바꿈하며 다시금 세상의 주목을 받게 되었다.

그런데 사실 좀 더 엄밀히 말하면 21세기의 AI의 위상은 1990년대 후반에 이미 시작되었다. 그 시기부터 AI는 우리가 일상적으로 이용하는 친근한 기술이 되어 있었다. 구글 등의 '검색 엔진'이나 아마존 등에서 추천 상품을 제안하는 '추천 시스템' 서비스가 등장한 시기가 바로 1990년대 후반이다. 이런 것들도 키워드와 관련된 웹 페이지의 목록을 표시하거나 책을 추천하는 등의 지적인 작업을 하므로 AI의 일종으로 생각할 수 있다.

1990년대 후반부터 몇몇 분야에서 AI의 능력이 인간을 능가하게도 되었다. 앞에서 이야기했듯이 1997년에는 컴퓨터가 체스 챔피언을 격파했다. 그 주인공은 IBM사의 슈퍼컴퓨터 '딥 블루Deep Blue'이며, 패배한 사람은 사상 최강의 체스 기사로 평가 받는 러시아의 가리 카스파로프Garry Kasparov다. 또한 2011년에는 역시 IBM사에서 개발한 컴퓨터 시스템 '왓슨Watson'이 미국의 퀴즈 프로그램에서 퀴즈 챔피언에게 승리했다.

2015년에는 컴퓨터가 일본 장기에서 최강의 기사로 평가 받는 하부 요시하루羽生善治 명인을 이기거나 대등한 승부를 할 수 있으리라고 많은 AI 연구자와 일본 장기 관계자가 예상했다. 실제로 대전이 성사되지는 않았지만, 정보처리학회는 2015년 10월 11일에 "통계적으로 봤을 때 컴퓨터가 다전제에서 승리할 가능성이 높다."라며 이른바 부전승을 선언했다.[2]

여담이지만, 1996년에 컴퓨터가 언제 인간을 이길 수 있겠느냐는 설문조사를 실시했을 때 많은 장기 기사가 "100년 동안은 지지 않을 것이다.", "그런 날은 영원히 찾아오지 않는다."라고 대답한 반면에 하부 명인은 2015년이라고 대답한 바 있다. 내가 하부 명인에게 감탄하는 점은 장기 기사로서의 재능뿐만 아니라 이런 예상을 아무렇지도 않게 적중시키는 끝 모를 사고력이다.[3]

바둑은 장기에 비해 훨씬 복잡한 게임으로 간주된다.[4] 그래서 2015년경만 해도 컴퓨터가 인간 챔피언에게 승리하려면 10년 정도는 걸리지 않겠느냐는 이야기가 관계자들 사이에서 흘러나왔다. 그런데 불과 1년 뒤인 2016년 3월에 바둑 AI인 '알파고'가 세계 최강의 바둑 기사인 한국의 이세돌 9단에게 승리를 거뒀다. 이와 같이 AI는 지금

많은 이의 예상을 크게 웃도는 속도로 진보하고 있다.

'로봇' 또한 최근 들어 급속히 진보, 보급되고 있다. 공장에서 일하는 '산업용 로봇'뿐만 아니라 일반 소비자를 대상으로 한 '서비스 로봇'이 늘어나고 있는 현실을 봐도 이는 명확하다. 그리고 서비스 로봇 역시 1990년대 후반 이후 속속 세상에 유통되기 시작했다. 1999년에는 소니사가 개 형태의 애완 로봇인 '아이보AIBO'를, 2002년에는 아이로봇사가 청소 로봇인 '룸바Roomba'를, 2015년에는 소프트뱅크사가 인간형 로봇 '페퍼Pepper'를 각각 발매했다. 이 가운데 아이로봇사는 미국의 MIT(매사추세츠 공과 대학) 인공 지능 연구소의 연구자가 설립한 회사로, AI 연구의 성과를 활용해서 룸바를 만들었다. AI가 컴퓨터 등에서 작동하는 애플리케이션뿐만 아니라 서비스 로봇에도 장착되기 시작한 것이다.

이와 같이 AI가 실용화됨에 따라 특히 경제 침체로 고민해 온 일본에서는 성장의 원동력으로서 AI에 큰 기대를 품게 되었다. 정부의 성장 전략을 담은 〈『일본 부흥 전략』 개정 2015〉에서도 AI는 '사물 인터넷Internet of Things, IoT'이나 '빅 데이터Big Data'와 함께 세 개의 기둥으로 규정되었다. '사물 인터넷'은 온갖 사물을 인터넷으로 연결한다는 의미이며, '빅 데이터'는 대량의 데이터를 의미한다.

그런데 AI의 발달은 어떻게 경제 성장을 촉진할까? 지금까지 이 부분을 경제학의 관점에서 논리적으로 설명한 책은 없었다. 이 책에서는 3장과 4장에서 이 부분을 자세히 다룰 것이다.

한편으로 AI의 발전을 경계하는 목소리도 높아지고 있으며, '기계의 반란'이나 '기술적 실업' 같은 문제가 특히 커다란 논란을 부르고 있다. '기계'라는 말은 일반적으로 AI나 로봇, 컴퓨터를 포함한 '작동하는 인공물' 전체를 의미하는데, 이 책에서는 특히 '인간 대 기계' 같이 인류와 대비시킬 때 사용토록 하겠다.

기계의 반란을 우려하고 있는 대표적인 논자는 호킹 박사다. 박사는 영국의 방송국 BBC와의 인터뷰에서 "완전한 인공 지능의 등장은 인류의 종말을 의미합니다."라고 경고했다. 마이크로소프트사의 전 회장인 빌 게이츠Bill Gates나 미국의 실업가 엘론 머스크Elon Musk도 같은 우려를 표명했다. 영화 〈터미네이터〉 같은 반란까지는 아니더라도 기계가 실제로 폭주해 인간을 죽이거나 상처를 입히는 날이 언젠가 찾아올지 모른다.

마이크로소프트사가 개발한 '테이Tay'라는 온라인 AI는 트위터에서 사람들이 주고받는 트윗 등을 학습하며 발달했는데, 그 결과 히틀러를 찬양하고 혐오 발언을 반복하며 외설스러운 트윗을 올리는 등의 행동을 하게 되었다. 이것은 설령 개발자에게 악의가 없더라도 주위 사람들이 어떤 영향을 끼치느냐에 따라 이를 학습하는 AI가 악의를 품게 될 수 있음을 암시한다. 테이의 경우 트윗을 올리는 것 이외의 기능은 없기에 인간을 물리적으로 공격하지는 못한다. 그러나 이런 AI가 인터넷과 연결된 기계를 조종하는 기능을 갖추거나 로봇에 탑재된다면 인간에게 심각한 위협이 될 위험성이 있다.

그런데 사실 지금 현실적으로 더욱 급박하게 다가오고 있는 문제는 이런 기계의 반란이나 폭주가 아니라 '기술적 실업'이다. '기술적 실업Technological Unemployment'은 경제학 용어로, 새로운 기술의 도입이 유발하는 실업을 의미한다. 이 장에서는 기술적 실업을 중심으로 AI의 발전과 관련해 최근 활발해지고 있는 '인간 대 기계'에 관한 화제를 있는 그대로 소개하겠다.

되살아나는
기술적 실업

기술적 실업은 '은행에 현금 인출기가 도입되면서 창구 담당 직원이 필요가 없어져 일자리를 잃는다.'라든가 '음악 데이터의 다운로드 판매가 보급됨에 따라 거리의 CD 판매점이 문을 닫을 지경이 되어 종업원이 일자리를 잃는다.' 같은 부류의 실업을 가리킨다. 다만 기술적 실업은 최근 들어서 나오기 시작한 이야기가 아니라 '자본주의'의 발흥기에 만들어진 말이다. 참고로 이 책에서는 '자본주의'를 '노동자가 기계를 사용해서 상품을 생산하는 경제'라는 의미로 사용한다. 요컨대 다른 말로 바꾸면 '기계화 경제'다.

이와 같은 의미의 자본주의는 영국에서 제1차 산업 혁명 기간 (1760~1830년)에 처음으로 형성되었다. 이 기간에 방적기(실을 뽑는 기계)가 널리 도입되자 노동자 한 사람이 무게 1파운드의 면화에서 실을 뽑는 데 걸리는 시간은 500시간에서 3시간으로 단축되었다.[5] 사람들은 공장이 노동력을 절약시켜 주는 방적기와 직기(피륙을 짜는 기계)를 도입하면 일하는 사람의 수를 줄이지 않을까 걱정했다. 그래서 실업을 두려워한 수직공과 일부 노동자는 1810년대에 '러다이트 운동'이라는 기계 파괴 운동을 벌였다. 그러나 기술적 실업은 결국 일시적이고 국소적인 문제에 지나지 않았다. 방적·방직의 노동력이 절약된 만큼 무명을 저렴하게 공급할 수 있게 되었고, 이에 따라 속옷을 입는 습관이 확산되는 등 무명의 소비 수요가 증가한 결과 공장 노동자의 수요는 오히려 더 증가했다.

이노베이션(새로운 기술의 도입)은 다시 새로운 재화나 서비스를 만들어냄으로써 고용을 낳기도 한다. 증기 기관은 방직기뿐만 아니라 기관차의 동력으로도 사용되어 철도원과 철도 기사 같은 새로운 고용을 창출했다. 요컨대 이노베이션이 발생해도 기존 산업이 효율화되어 소비 수요가 증가하거나 새로 탄생한 산업으로 노동자가 '노동 이동'을 함으로써 기술적 실업이 해소되었다. '노동 이동'은 경제학 용어인데, 어떤 업종에서 다른 업종으로 혹은 어떤 기업에서 다른 기업으로 노동자가 이동하는 것이다.

이렇듯 장기간에 걸친 심각한 문제로 발전한 적이 없었기 때문에 시스몽디Sismondi나 맬서스T. R. Malthus, 리카도David Ricardo 같은 19세기의 경제학자들이 다루기는 했어도 기술적 실업이 경제학의 중심적 주제가 되는 일은 없었다. 그리고 20세기 초엽에는 영국의 경제학자 케인스 J. M. Keynes가 기술적 실업에 관해 간단하게 언급했다.

우리는 어떤 새로운 병에 걸려 괴로워하고 있다. 일부 독자 제군은 아직 한 번도 그 병명을 들어 본 적이 없을지 모르지만, 앞으로는 자주 듣게 될 것이다. 그것은 바로 기술적 실업Technological Unemployment이다.[6]

그러나 그 후에도 사람들이 이 병명을 듣게 되는 일은 그다지 없었다. 케인스가 1930년에 이렇게 예언하고 얼마 지나지 않아 세계 대공황이 수많은 실업자를 만들어내기 시작했기 때문에 기술적 실업이 어쩌고저쩌고 할 상황이 아니게 되었던 것이다. 게다가 대공황에서 회복된 뒤에 발발한 제2차 세계 대전은 각국을 완전 고용에 가까운 상태로 만들었고, 전쟁이 끝난 뒤인 1950년대와 1960년대에 자본주의는 황금기를 맞이했다.

이렇게 사람들의 기억에서 잊혀졌던 기술적 실업 문제가 되살아난 것은 1990년대에 들어와서다. 이 시기부터 학술 분야에서도 노벨 경제학상 수상자인 데일 모텐슨Dale T. Mortensen과 크리스토퍼 피사리데스Christopher A. Pissarides 같은 저명한 경제학자들이 기술적 실업을 연구하기 시작했다. 또 1990년대의 미국에서는 IT(정보 기술)의 도입이 불러올 기술적 실업을 우려한 사람들이 기술의 발달에 반대하는 '네오 러다이트 운동'을 일으켰다. 네오 러다이트 운동은 대체적으로 말과 글을 통해 온건하게 진행되었지만, 유나바머Unabomber라는 테러리스트는 과학자와 엔지니어들에게 폭탄 우편물을 보내는 방법으로 과학 기술의 발달을 방해하려 했다. 참고로 유나바머는 '폭탄 테러리스트' 같은 의미의 닉네임이며, 본명은 시어도어 카진스키Theodore Kaczynski라고 한다. 원래 캘리포니아 대학의 교수이자 수학자였는데, 지금은 콜로라도 주에 있는 교도소에서 복역 중이다.

유나바머는 1995년에 〈뉴욕 타임스〉와 〈워싱턴 포스트〉에 보낸 장문의 범행 성명문 '산업 사회와 그 미래'(다음은 《유나바머: 폭탄 테러리스트의 광기 — FBI 역사상 최장 기간인 18년 동안 미국을 공포에 몰아넣은 남자》에서 인용한 것이다)에서,

기계는 점점 단순 작업을 대체하게 될 터이므로 하급 노동자는 일자리를 잃어 갈 것이다(이 문제는 이미 일어나고 있다. 지금도 지능적 혹은 심리적인 이유로 현재의 사회 시스템 속에서 유능하기 위한 훈련 수준을 습득하지 못하는 사람들은 일자리를 찾기가 매우 어렵거나 불가능하다).

라며 기술적 실업을 우려했다. 이와 같이 미국에서는 노벨상 수상자부터 테러리스트에 이르기까지 많은 사람이 약 20년 전부터 기술적 실업을 이야기해 왔지만, 일본에서는 아주 최근까지 이 문제가 대중의 주목을 받지 못했다. 나는 2008년에 기술적 실업에 관한 논문을 일본어로 썼는데, 구글에서 '기술적 실업'이라는 키워드로 검색해

보면 완전히 무명의 대학원생이었던 나의 그 논문이 맨 위에 나온다. 그만큼 이 문제에 관심을 갖는 사람이 없다는 이야기다.

도쿄대학 합격을 노리는 AI '동로봇군東ロボくん'의 연구 추진자로 유명한 국립 정보학 연구소의 아라이 노리코新井紀子 교수는 2010년에 《컴퓨터가 일자리를 빼앗는다コンピュータが仕事を奪う》라는 책을 출판했다. AI 연구자 중 일부는 기술적 실업을 경고했던 것이다. 그러나 디플레이션 불황에 따른 실업이 시급한 문제였던 탓인지, 경제학자를 포함해 많은 사람이 기술적 실업에는 관심을 보이지 않았다. 그런데 2013년에 미국의 경제학자인 에릭 브린욜프슨Erik Brynjolfsson과 앤드루 맥아피Andrew McAfee가 쓴 《기계와의 경쟁》의 번역서가 출판되자 일본에서도 기술적 실업의 위험성을 의식하게 되었다.

기계가 대체하면서
없어지는 직업

《기계와의 경쟁》의 원제는 "Race Against the Machine"으로, 'Rage against the Machine(이하 레이지)'이라는 록밴드의 이름을 살짝 변형시킨 것이다. 이들은 성조기를 거꾸로 걸고, 혁명가 체 게바라Che Guevara의 초상화를 내걸고, 미국에 항의해 분신자살을 한 베트남의 승려가 불길에 휩싸인 사진을 앨범 재킷에 사용하는 등의 과격한 반권력적 퍼포먼스로 유명한 밴드다. 《기계와의 경쟁》은 컴퓨터의 도입에 따른 실업과 중소득층의 약체화 문제를 다뤘는데, 그 주장은 레이지의 퍼포먼스 못지않게 강렬하며 파괴적이다.

유나바머는 '하급 노동자'가 일자리를 잃고 있다고 말했지만, 브린욜프슨과 맥아피의 견해에 따르면 기술적 실업의 주된 피해자는 중

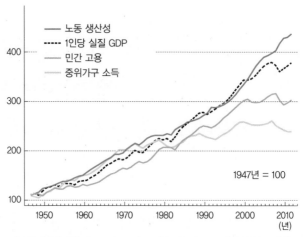

[그림1-1] **미국의 소득 등의 추이**

- 노동 생산성
- 1인당 실질 GDP
- 민간 고용
- 중위가구 소득

400

300

200

1947년 = 100

100

1950   1960   1970   1980   1990   2000   2010
(년)

앤드루 맥아피, "The Great Decoupling of the US Economy"를 바탕으로 작성

소득층이다. 미국에서 중소득층의 고용이 사라지고 있기 때문에 일반적인 노동자가 가난해지고 있다는 것이다.

　[그림1-1]에 나와 있듯이, 1980년 무렵부터 1인당 GDP의 성장률을 가계 소득의 중앙값(= 중위가구 소득)이 따라잡지 못하고 있다. 소득의 '중앙값'이란 가령 50명을 소득이 높은 순으로 줄을 세웠을 때 25번째 정도에 위치한 사람의 소득으로, 평균값과는 다르다. 만약 순위가 높은 사람이 다른 사람들에 비해 터무니없이 많은 소득을 올리고 있다면 평균은 왜곡되기 쉽다. 그렇게 되면 평균값이 상위에서 10번째 정도에 위치한 사람의 급여와 비슷해질 수도 있다. 또한 원래 소득이 높았던 사람의 소득이 큰 폭으로 증가한다면 소득의 중앙값이

하락했음에도 소득의 평균값은 상승할 가능성이 있다.

실제로 미국에서는 이런 현상이 일어나고 있어서, 일반적인 노동자는 가난해지고 있는데 부자들은 그것을 메우고도 남을 만큼 더욱 부유해지고 있다. 그래서 [그림1-1]처럼 2000년 이후 중위가구 소득이 하락하고 있음에도 1인당 GDP(소득의 평균값에 가깝다)는 상승하고 있다.

브린욜프슨과 맥아피는 노동자의 생활상과 거시 경제의 추세가 보이는 이와 같은 괴리를 '거대한 탈脫동조화Great Decoupling'라고 이름 짓고, 그 주된 요인은 정보 기술의 발달이라는 '스킬 편향적 기술 진보'라고 말했다. 이것은 정보 기술을 활용하는 고숙련High Skill 노동자의 수요가 증대됨을 의미한다. 그리고 이에 대한 반작용으로 정보 기술에 대체되기 쉬운 저숙련Low Skill 노동자의 수요는 감소한다. 그렇다면 어떤 것이 대체되기 쉬운 숙련노동일까? 최근의 경우는 주로 '사무 노동'의 기술이다.

직업을 '육체 노동'과 '사무 노동', '두뇌 노동'의 세 가지로 단순화해서 생각해 보자(그림1-2). 저소득층은 주로 '육체 노동', 중소득층은 주로 '사무 노동', 고소득층은 주로 '두뇌 노동'에 종사한다. 그리고 컴퓨터는 아직 상품 기획이나 연구 개발 등의 '두뇌 노동'이나 간호, 돌봄, 건설 등의 '육체 노동'을 하지는 못하지만 문서 작성이나 해석, 사무 절차 등을 효율화함으로써 '사무 노동'에 필요한 인원수를

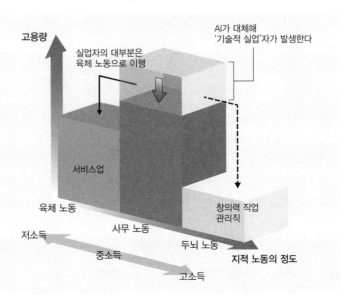

[그림1-2] 중소득층의 고용 하락

줄이고 있다. 그 결과 미국에서는 콜센터나 여행사 등이 사무 노동의 고용을 큰 폭으로 줄였다. 현 시점에서 고용 파괴가 진행되고 있는 분야는 두뇌 노동이나 육체 노동이 아니라 중소득자가 주로 종사하는 사무 노동인 것이다. 이렇게 해서 기술적 실업을 당한 노동자는 더 임금이 낮은 육체 노동이나 더 임금이 높은 두뇌 노동으로 이동한다. 미국의 노동 경제학자인 데이비드 아우터David Autor 등은 중소득층의 노동이 감소하고 저임금과 고임금 노동이 증가하는 이러한 현상을 노동 시장의 '양극화'라고 부른다.

아우터 등이 제시한 [그림1-3]의 그래프는 미국에서 1990년대에 발생한 '양극화'를 보여준다. 가로축은 0에 가까운 쪽이 저숙련 직업,

100에 가까운 쪽이 고숙련 직업이라고 생각하기 바란다.[7] 세로축은 고용 점유율의 변화를 나타낸다. 1980년대의 그래프는 오른쪽으로 갈수록 계속 상승한다. 요컨대 고숙련 직업일수록 점유율이 증가했다. 그러나 1990년대에는 고숙련 직업의 고용이 현저히 증가하고 저숙련 직업의 고용도 조금은 증가했지만 중숙련 직업의 고용은 감소했음을 알 수 있다. 고용의 증감과 숙련도의 관계가 U자형 그래프로 나타난 것이다.

앞으로의 고용은 어떤 모습이 될까? [그림1-3]의 U자형 그래프가 유지되지는 않을지도 모른다. 앞으로 사무 노동에 이어 육체 노동도 기계가 대체하면서 일자리가 크게 줄어들 가능성이 있기 때문이다.

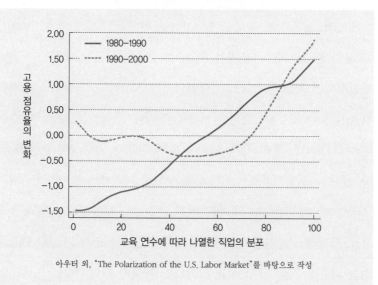

[그림1-3] 미국의 고용 점유율 변화

아우터 외, "The Polarization of the U.S. Labor Market"를 바탕으로 작성

[그림1-4] 소멸될 가능성이 높은 직업

직종	(%)	높음
슈퍼마켓 등의 계산대 직원	97	
레스토랑의 요리사	96	
안내요원	96	
변호사 조수	94	
호텔의 프런트	94	
웨이터·웨이트리스	94	사라질 확률
회계사·회계 감사역	94	
영업사원	92	
보험 대리점 사원	92	
여행 가이드	91	
택시 기사	89	
버스 기사	89	
공인중개사	86	
경비원	84	
어부	83	
이발사	80	
설거지 담당	77	
바텐더	77	낮음

〈주간 이코노미스트〉 2015년 10월 6일호를 바탕으로 작성

옥스퍼드 대학의 칼 프레이Carl Frey와 마이클 오스본Michael Osborne은 〈고용의 미래〉라는 논문에서 702개 직업을 대상으로 10~20년 안에 자동화되어 소멸될 확률을 산출했다. [그림1-4]는 그 가운데 소멸될 확률이 높은 몇 가지 직업을 발췌한 것이다. 택시 기사와 어부, 웨이터·웨이트리스 등의 육체 노동 직업이 사라질 가능성이 높음을 알 수 있다. 이들은 '창조성Creativity'과 '사회적 지성Social Intelligence', '인식과 조작Perception and Manipulation'의 세 가지를 앞으로도 자동화되기 어려운 기술로 가정하고 조사를 실시했다. 그런데 인식과 조작 기술을 필요로 하는 직종은 거의 남지 않을 것이라는 예측이 되어 버린 것이다. 인

식과 조작은 문자 그대로 물체를 눈으로 인식하고 손으로 다루는 기술이다. 예컨대 테이블 위의 잔에 포도주를 따라 주는 웨이터·웨이트리스의 업무에 필요한 기술이며, 많은 육체 노동에서 필요로 하는 기술이다.

많은 사무 노동이 기계로 대체되리라는 것은 이미 알려져 있었지만, [그림1-4]처럼 웨이터·웨이트리스 이외에 어부나 설거지 담당 같은 수많은 육체 노동도 대체될 가능성이 높다는 예측은 충격적이었다. 게다가 회계사나 변호사 조수 같은 일부 두뇌 노동도 소멸될 가능성이 높다는 결과가 나왔다. 그렇다면 앞으로 [그림1-3]의 U자형 그래프는 점차 붕괴될 것이다.

〈고용의 미래〉에서는 또한 현재 미국 노동자의 약 절반(47퍼센트)이 종사하고 있는 일자리가 10~20년 안에 높은 확률(70퍼센트 이상)로 기계로 대체 가능해지리라고 예상했다. 이 예상 또한 충격적이었지만, 기술적으로 대체 가능해진다고 말했을 뿐 실제로 노동자가 일자리를 잃게 될 것이라는 주장은 아니므로 주의가 필요하다.

새로운 기술이나 상품이 개발된 뒤에 사회에 널리 보급되기까지는 어느 정도 시간이 걸린다. 경제학에서는 이 과정을 '디퓨전(Diffusion: 확산, 보급)'이라고 부른다. 새로운 기술이나 상품이 실제로 노동자를 몰아내기까지는 그 과정만큼 시간이 더 걸린다. 다만 최근 들어 디퓨전의 기간이 상당히 짧아지고 있다. 미국에서 자동차가 인구의 50퍼센트에 보급되기까지 소요된 기간은 80년 이상이었지만, 텔레비전이나 비디오는 30년 정도, 휴대 전화의 경우는 10년 정도가 소요됐다.[8] 디퓨전 기간은 앞으로 더욱 짧아질 것으로 생각된다. 그렇다면 웨이터 · 웨이트리스 같은 친숙한 직업이 AI · 로봇으로 대체되어 사라지는 것은 그렇게 먼 미래의 이야기가 아닐지도 모른다. 그때 일자리를 잃은 사람들을 다른 고용이 흡수할 수 있을까?

자본주의의 역사를 되돌아보면 기술적 실업은 새로운 직업이 끊임없이 만들어짐으로써 해소되어 왔고 미래에도 그럴 것이므로 너무 걱정할 필요는 없다는 견해도 있다. 그런데 정말 그렇게 될까?

2045년, AI가
인간의 지성을 초월하는 날

만약 AI가 인간의 지성을 능가할 만큼 발달한다면 기업은 사람을 고용하기보다 AI나 AI를 탑재한 로봇을 사용할 것이다. 그렇다면 새로운 유형의 업무가 탄생하더라도 노동자는 일체 고용되지 않을지도 모른다.

컴퓨터가 모든 인류의 지성을 초월하는 미래의 어느 시점을 '특이점Singularity' 혹은 '기술적 특이점Technological Singularity'이라고 말한다. 이 개념은 미국의 저명한 발명가인 레이 커즈와일Ray Kurzweil이 기술에 관한 미래 예측서인 《특이점이 온다》에서 소개함으로써 세계적으로 알려지게 되었다. 일본에서도 2015년 이후 경제 잡지나 신문에서 다룰 만큼 지명도가 높아졌다.

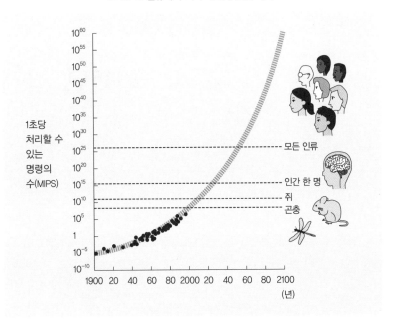

[그림1-5] **컴퓨터의 처리 속도에 관한 예측**

커즈와일은 2045년에 특이점이 찾아올 것이라고 예측했다. [그림1-5]는《특이점이 온다》에 수록된 것이다. 세로축은 1,000달러에 살 수 있는 컴퓨터가 1초당 실행할 수 있는 명령의 수이다. 단위는 MIPS로, 1MIPS는 1초에 100만 개의 명령을 실행할 수 있다는 의미다. 2015년 현재 1,000달러짜리 컴퓨터의 계산 속도는 쥐의 뇌와 같은 수준이지만, 2020년대에는 인간 한 명의 뇌, 2045년에는 모든 인류의 뇌와 맞먹게 된다.

요컨대 2045년에는 전자제품 판매점에서 손쉽게 살 수 있는 컴퓨터 한 대로 모든 인류의 뇌를 합친 것과 같은 수준의 정보 처리를 할 수 있게 된다는 말이다. 그런 컴퓨터에 설치된 AI가 인류 전체의 지성을 초월하게 된다면 무슨 일이 일어날지 예측도 되지 않는다. 특이점에는 '지금까지의 법칙이 통용되지 않는다.'라든가 '상상도 할 수 없을 만큼 터무니없는 일이 일어난다.' 같은 의미가 담겨 있다.

특이점은 원래 수학이나 물리학의 용어다. 물리학에서 특이점은 물리 법칙(일반 상대성 이론)이 통용되지 않는 특이한 점을 의미하며, 블랙홀 안에 있다고 생각되고 있다. 호킹 박사는 그런 물리학적인 특이점이 존재할 수 있음을 증명한 연구자 두 명 중 한 명이다(다른 한 명은 영국의 물리학자 로저 펜로즈^{Roger Penrose}다). 영화 〈사랑에 대한 모든 것〉에는 박사 논문의 주제를 좀처럼 결정하지 못하던 호킹 박사가 펜로즈의 강연을 듣고 시간과 특이점을 주제로 박사 논문을 쓰자고 생각하는 장면이 나온다.

기술적 특이점도 물리학적인 특이점과 마찬가지로 기존의 법칙이 성립되지 않게 되는 점이라고 생각할 수 있다. 무엇이 일어날지 예측할 수 없는 상황이다. 커즈와일의 말을 빌리면 그것은 '인류의 역사라는 천을 찢어 버릴 정도의 사건'이다.

커즈와일의 생각이 받아들여지고 있는 이유

그런데 기술적 특이점은 정말 찾아올까? 커즈와일이라는 생소한 미국인 아저씨가 하는 말에 무슨 신빙성이 있느냐고 의심하는 사람도 적지 않을 것이다. 그러나 《특이점이 온다》는 황당무계한 내용으로 가득한 흥미 위주의 책이 아니며, 커즈와일의 생각은 찬반양론을 불러일으키면서도 어느 정도 세상 사람들에게 받아들여지고 있다. 어째서일까? 여기에는 네 가지 정도 이유가 있다.

첫째는 커즈와일 본인이 스캐너와 OCR(문자를 판독하는 소프트웨어·기기), 신시사이저 등 오늘날 일상적으로 사용되고 있는 상품을 발명한 훌륭한 발명가라는 점이다. 발명이라고 해도 이런 것들은 오랜 시간에 걸쳐 서서히 진화해 왔으므로 그가 처음으로 만들었다는 의미는 아니지만, 세상에 널리 알려지게 된 결정적인 제품을 만들어낸 것은 사실이다.⁹ 가령 커즈와일이 만든 'Kurzweil K250'이라는 신시사이저는 미국의 음악가인 스티비 원더Stevie Wonder에게 의뢰를 받아서 만든 것으로 유명하다. 미국의 연배가 있는 음악 마니아는 '커즈와일'이라는 말을 들으면 기술적 특이점보다 오히려 이 신시사이저를 먼저 떠올릴 정도다.

둘째는 커즈와일이 지금까지도 미래 예측을 적중시킨 실적이 있다는 점이다. 가장 유명한 예측은 1990년에 출판된 《지적 기계의 시대The Age of Intelligent Machines》라는 책에서 한 것이다. 이 책에서 커즈와일은 1998년에는 컴퓨터가 체스 챔피언을 이길 것이라고 예측했는데, 앞에서도 말했듯이 이 예측은 1997년에 실현되었다. 1년의 오차는 있지만 1990년경에는 많은 사람이 '당분간은 컴퓨터가 인간을 이기지 못할 것이다.'라고 자만했음을 고려하면 하부 명인과 마찬가지로 놀라운 예측력이라고 할 수 있다. 그 밖에도 1999년에 출판된 저서《21세기 호모 사피엔스》에서는 "2009년에는 문고판 정도 크기의 디스플레이로 책, 잡지, 신문 등을 읽는 것이 일반적이 될 것이다."라고 예측했는데, 시기에 약간의 차이는 있지만 아이폰이나 아이패드, 아마존 킨들 등을 생각하면 얼추 적중했다고 말할 수 있다.

셋째는 커즈와일뿐만 아니라 다른 저명한 학자도 기술적 특이점의 도래를 주장했다는 점이다. 'Singularity'를 기술적 특이점이라는 의미로 처음 사용한 사람은 존 폰 노이만John von Neumann이라고 한다. 노이만은 헝가리 출신의 미국인 수학자이자 물리학자, 경제학자, 컴퓨터 공학자로, 게임 이론의 창시자이자 원자 폭탄의 아버지 중 한 명이며 현재 널리 사용되고 있는 컴퓨터의 구조를 제안한 사람이고……. 전부 소개하려면 한도 끝도 없으니 이쯤에서 그만두도록 하자. 어쨌든 20세기에 가장 많은 과학적 공적을 남긴 인물이다. 그런 천재가 주장했다면 기술적 특이점을 단순한 SF적 망상으로 치부할 수는 없을 것이다. 그 밖에도 미국의 수학자이자 SF 작가인 버너 빈지Vernor Vinge나 미국의 AI · 로봇 연구자 한스 모라벡Hans Moravec이 커즈와일 이전에 기술적 특이점을 이야기했다.

넷째는 커즈와일이 최첨단 기술과 방대한 연구 논문에 입각해서 예측을 한다는 점이다. 《특이점이 온다》에는 "아니, 이걸 믿으라는 거야?"라고 말하고 싶어질 만큼 놀라운 미래 기술이 여러 가지 소개되어 있다. 커즈와일은 [그림1-5]에서 나온 처리 속도의 가속도적인 진보와 함께 'GNR 혁명'이 기술적 특이점의 도래를 가능케 한다고 주장한다.

GNR은 유전자 공학Genetics, 나노테크놀로지Nanotechnology, 로봇 공학Robotics의 머리글자를 딴 것이다. '유전자 공학'의 발달로 예를 들어 '인공 고기'가 가능해진다. '인공 고기'의 기술을 통해 살아 있는 동물을 키우지 않고 혀나 간 같은 부위만을 공장에서 만들어내 공급할 수 있게 되며, 우리는 소나 돼지를 죽이지 않고도 고기를 먹을 수 있게 된다. 이것이 실현되면 채식주의자가 불고기를 먹게 될 것이다.

혹시 지금 '아니, 그걸 믿으라는 거야?'라고 생각했는가? 사실 이 기술은 이미 존재한다.《특이점이 온다》에서 커즈와일이 미래의 기술로 인공 고기를 소개한 2005년으로부터 8년 후인 2013년, 샬레에서 배양한 인공 고기를 사용해서 만든 햄버거의 시식회가 런던에서 열렸다. 맛은 '진짜 고기만큼 육즙이 풍부하지 않다.'고 하므로 아직 부족한 듯하지만, 이 연구 프로젝트에는 구글도 출자했기 때문에 앞으로 맛의 개선과 함께 상업용으로 대량 생산될 것이 기대된다.

또 '나노테크놀로지'와 '로봇 공학'이 발달하면 아주 작은 로봇인 '나노봇'을 몸속에 집어넣어서 병을 치료할 수 있게 된다. 아주 작은 로봇이라고 말했지만, 로봇이라기보다는 인공적으로 만든 정자나 백혈구처럼 자율적으로 움직이는 조직체라고 말하는 편이 이해하기 쉬울지도 모르겠다. 우리의 몸에는 세균이 들어오면 백혈구가 퇴치해 주는 등의 면역 시스템이 있다. 백혈구 같은 역할을 하는 나노봇을 주입하면 나노봇은 혈액 속을 돌아다니면서 이런 면역 시스템의 기능을 높여 준다. 나노봇이 암 세포를 퇴치하거나 동맥 경화를 치료할 수도 있을 것으로 기대되고 있다.

커즈와일은 이와 같이 치료법 등의 의학 기술이 발달함에 따라 "앞으로 15년 이내에 인간은 매년 1년 이상 수명을 늘릴 수 있게 될 것이다."[10]라고 말했다. 요컨대 앞으로 약 15년 후까지 살아 있을 수만 있으면 평생이 가도 나이가 수명을 따라잡지 못하게 되어 사고로 죽지 않는 이상은 1,000년이든 2,000년이든 살 수 있게 된다는 말이다. 실제로 커즈와일은 영원히 살겠다는 의지가 보통이 아니어서, 하루에 250정이나 되는 건강 보조제를 먹어 건강을 유지하며 불노불사가 가능해지는 그날이 오기를 기다리고 있다고 한다(최근에는 100정으로 줄였다고 한다).

불노불사의 기술은 허풍처럼 생각되겠지만, 그 싹 정도는 최신 연구를 통해 나타나고 있다. 가령 두 살짜리 생쥐의 세포에 NAD라는 합성물을 주입하면 생후 6개월 수준으로 젊게 만들 수 있다. 이것은 인간으로 치면 60세의 할머니가 20세의 아가씨로 젊어진 셈이다.

이와 같이 허풍처럼 들리는 커즈와일의 미래 예측은 각 분야의 첨단 연구 성과에 기반을 두고 있다. 그래서 시험적인 기술은 이미 존재하고 있거나 예측한 지 몇 년 후에 실제로 실용화되기도 한다. 우리는 이미 SF적인 세계에 한 걸음 한 걸음 발을 들여놓고 있는 것이다.

인간의 의식을 컴퓨터에
업로드할 수 있을까?

'마인드 업로딩'은 커즈와일이 예측한 기술 중에서도 특히 SF적인 느낌이 물씬 풍긴다. 이것은 인간의 의식을 컴퓨터에 옮기는 기술로, 기술적 특이점을 주제로 한 영화 〈트랜센던스〉에도 등장한다. AI를 연구하는 주인공 윌은 네오 러다이트주의 테러리스트에게 습격을 받는데, 죽기 직전에 아내가 그의 의식을 컴퓨터에 업로드한다.

커즈와일은 늦어도 2030년대 후반에는 이런 업로드가 가능해지리라고 예측했다. 나노봇을 사용해 내부에서 인간의 뇌를 스캔해서 얻은 데이터를 바탕으로 그 뇌를 컴퓨터상에 재현한다. 그렇게 하면 그 사람의 기억과 인격, 발상 등 모든 것이 컴퓨터에 업로드된다. 이렇게 해서 만들어진 가상적인 뇌에 가상적인 육신을 부여하면 우리의 실제 몸이 죽더라도 정신은 컴퓨터상에서 계속 살 수 있게 된다. 커즈와일은 마인드 업로딩이 가능해지는 그날까지 어떻게든 지금의 육체로 버티다가 컴퓨터 속에서 영원히 살게 되기를 바라는 듯하다.

이쯤 되면 나의 보수적인 머리로는 커즈와일의 급진적인 생각을 따라잡기가 어려워진다. 분명히 과학 기술의 발달 여하에 따라서는 어떤 사람의 뇌 신경계의 네트워크 구조를 컴퓨터 소프트웨어로 재현할 수 있게 되고, 그것이 해당 인물과 똑같은 지적인 정신 활동을 영위할 수 있게 될 가능성을 부정할 수 없다. 인간의 뇌에는 약 1,000억 개나 되는 뉴런(신경 세포)이 있으며, 각 뉴런은 약 100조 개에 이르는 시냅스를 통해 접속되어 신호를 주고받는다. 이와 같은 복잡한 인간의 신경계를 전부 스캔하는 것은 물리적으로 상당히 어려운 일이겠지만, 이론상 불가능하지는 않다.

이런 식으로 컴퓨터상에 인간의 뇌를 쏙 빼닮은 소프트웨어를 재현하는 기술을 '전뇌 에뮬레이션Whole Brain Emulation'이라고 부른다. 2장에서 다시 이야기하겠지만, 유럽의 '휴먼 브레인 프로젝트Human Brain Project'와 미국의 '브레인 이니셔티브BRAIN Initiative' 같은 거대 프로젝트는 자신들의 방법으로 뇌의 전모를 해명해 조현병 같은 정신적인 병이나 알츠하이머병의 원인을 규명하려 하고 있다. 이러한 프로젝트를 발판으로 삼으면 전뇌 에뮬레이션의 방식을 이용해 인간과 똑같은 지적 행동을 하는 AI를 개발할 수 있지 않을까 하는 기대가 있는 것도 사실이다.

다만 그럼에도 마인드 업로딩은 간단한 문제가 아니다. 이 말에는 단순히 컴퓨터상에 뇌의 복제품을 만드는 것이 아니라 의식을 컴퓨터에 이식한다는 의미도 담겨 있기 때문에 철학적인 문제가 함께 따라다닌다.[11] 컴퓨터상에 내 신경계가 재현된들 그것은 내 쌍둥이 같은 복제품이 생겼을 뿐이지 내 의식이 그쪽으로 옮겨진 것은 아니라는 생각도 할 수 있다.

한스 모라벡은 인간의 의식이 그 몸의 물질성에 의거한다는 개념에 '몸―동일성'이라는 이름을, 물질성에서 해방된 '패턴'이 인간의 의식을 만들어낸다는 개념에 '패턴―동일성'이라는 이름을 붙였다. 후자에 따르면 내 신경계의 네트워크 구조와 똑같은 패턴이 소프트웨어로 존재할 경우 내 의식은 그곳에도 존재하게 된다. 나는 이 문제에 관해서는 보수파여서, 상식에 얽매인 일반 시민이 좀 더 지지할 것 같은 몸―동일성이 옳다고 생각한다. 내 뇌의 패턴이 어딘가의 컴퓨터상에 재현되더라도 내 몸이 파괴된다면 나는 죽는 수밖에 없다는 생각이다.

의식 자체를 컴퓨터로 업로드하는 것은 현 시점에서는 꿈같은 이야기로밖에 생각되지 않는다. 그러나 미래에는 현재의 상식으로는 도저히 생각할 수 없는 일이 실현될 가능성이 있다. 커즈와일은 미래의 기술이 《해리포터》에 나오는 모든 마법을 현실로 만들 것이라고 말했다. AI의 반란이 그려진 SF 소설 《2001: 스페이스 오디세이》의 작가인 아서 C. 클라크Arthur C. Clarke도 "충분히 발달한 기술은 마법과 구분이 불가능하다."라고 말했다. 생각해 보면 우리가 리모컨으로 텔레비전을 조작하고 제트기로 하늘을 날아다니는 것은 중세 사람들의 눈에 그야말로 마법처럼 보일 것이다. 그러므로 컴퓨터상에 의식을 업로드하는 마법 같은 일이 미래에 절대 실현되지 않으리라고는 장담할 수 없을 것이다.

SF에서 현실로

미래는 누구에게나 불확실하다. 커즈와일의 주장에 대해 내가 학자로서 취해야 할 태도는 종교적으로 열광하는 것도, "터무니없는 소리"라며 그 가능성을 완전히 부정하는 것도 아니라고 생각한다. 학자 중에는 자신이 망상가로 보이지 않을까 하는 우려에서 기술적 특이점의 도래를 전면 부정하는 사람도 있는데, 그것은 자기보신적 태도일 뿐이다. 충분한 근거도 없이 부정하는 것은 과학적인 자세가 아니다.

분명히 기술적 특이점의 개념은 판타지나 SF의 느낌을 주지만, 최근 들어 현실감을 띠기 시작한 것도 사실이다. 커즈와일은 2008년에 '특이점 대학'이라는 교육 기관을 설립했다. 이곳은 정식 대학은 아니고, 기술적 특이점을 향해 가속도적으로 발달하는 기술을 이용해서 인류가 직면한 문제를 해결할 수 있는 인재를 육성하기 위한 기관이다. 구글은 이 특이점 대학에 출자했을 뿐만 아니라 2012년 말에 커즈와일 본인을 직접 고용했다. 구글의 간부진은 기술적 특이점을 의식하고 있으며, 어쩌면 자신들이 기술적 특이점을 일으켜야 한다는 사명감을 품고 있는지도 모른다.

일본에서는 2014년 말에 설립된 '드왕고 인공 지능 연구소'가 기술적 특이점을 염두에 두고 AI의 연구 개발을 시작했다. 경제산업성 장관이었던 야마기와 다이지로山際大志郎는 자신의 저서인《인공 지능과 산업·사회人工知能と産業·社会》에서 '딥 러닝Deep Learning'이라는 새로운 AI 기술의 출현을 통해 '기술적 특이점으로 이어질 가능성이 있는 문'이 이미 열린 것이 아니냐는 말을 했다. '딥 러닝'에 관해서는 2장에서 설명하겠다.

총무성은 2015년 2월부터 6월까지 기술적 특이점과 관련된 연구회를 5회 정도 개최했다. 정식 명칭은 '인텔리전트화가 가속되는 ICT의 미래상에 관한 연구회'이다. 여기에서 'ICT'는 정보 통신 기술Information and Communication Technology을 의미한다. 이 연구회에는 주식회사 가도카와·드왕고의 사장인 가와카미 노부오川上量生, AI 연구의 제일인자인 도쿄대학의 마쓰오 유타카 교수, 일본 인터넷의 아버지로 불리는 게이오 대학의 무라이 준村井純 교수, 일본은행 부총재를 역임한 이와타 가즈마사岩田一政 같은 저명인사가 참가했다. 이 자리에서는 빅데이터, AI, 로봇 같은 기술의 발달이 어떻게 사회를 바꿔 나갈지가 논의되었다. 기술적 특이점과 관련해 미래에 인류와 기계가 대립할 것인가, 융화할 것인가 등에 대한 토론이 있었으며, 마인드 업로딩에 관해서도 의견을 교환했다.

또한 총무성은 2016년 2월부터 '인텔리전트화가 가속되는 ICT의 미래상에 관한 연구회'를 계승하는 형태로 'AI 네트워크화 검토 회의'를 개최했는데, 이 회의에는 나도 참가했다.

나는 이와 같은 정부 계열의 회의에 참석해 기술적 실업과 기계의 반란·폭주 등 AI의 발달이 경제와 사회에 끼칠 영향에 관해 다른 학자나 관료들과 토론을 나눴다. 그 과정에서 기술적 특이점이 화제에 오른 적도 있었다.

기술적 특이점은
찾아올 것인가?

　　학자나 관료들의 기술적 특이점에 대한 견해는 다양하
다. 여기에서는 내 생각을 간단히 밝히도록 하겠다.

　가령 AI의 발달로 경제나 사회의 모습이 근본적으로 변혁되는 것을
기술적 특이점이라고 한다면 그것은 늦어도 2045년까지 일어날 가
능성이 있다. 다만 나는 커즈와일이나 다른 논자가 말하는 기술적 특
이점이 2045년경에 찾아올 것이라고 전망하지는 않는다. 기술적 특
이점이 의미하는 바는 논자에 따라 다양한데,

　(1) AI가 인간의 지성을 초월한다

　(2) AI가 스스로 AI를 만들어냄으로써 지능 폭발이 일어난다

(3) AI가 인간을 대신해 세계의 패권을 장악한다

(4) 인간이 컴퓨터와 융합함으로써 미래 인간이 된다

의 네 가지로 집약할 수 있을 듯하다. 커즈와일 이전에 기술적 특이점을 논한 버너 빈지나 한스 모라벡이 강조한 것은 (1), (2), (3)이고, 커즈와일은 (1)과 (4)다. 비관론자는 (3)을 선택하고, 낙관론자는 (4)를 선택하는 경향이 있다.

어쨌든 (1)은 공통적이다. 그러나 나는 '2045년까지는 AI가 인간의 지성을 초월할 것이다.'라는 예측에 회의적이다. 체스나 바둑 실력, 지식의 양, 계산 속도, 물체 인식 능력 등은 인간이 기계의 상대가 되지 않겠지만, 그런 것들이 지성의 전부는 아니다. AI가 지성의 많은 분야에서 인간을 초월할 가능성은 있다. 그러나 지성의 '대부분을 초월하는' 것과 '전부 초월하는' 것은 하늘과 땅 만큼의 차이가 있다. 중요한 부분에서 인류가 기계에 지지 않는다면 기계는 인류의 편의성을 개선하기 위한 장치로 남으며 양자의 기본적인 관계는 지금과 다르지 않을 것이다.

미국의 저널리스트인 제임스 배럿James Barrat은 자신의 저서 《파이널 인벤션: 인공지능, 인류 최후의 발명》에서 '보통 사람에 비해 1,000배는 현명한 사람보다 1,000배 이상 현명한 AI'라는 표현을 사용했다. 그러나 무슨 기준으로 1,000배라고 말하는 것일까? 대체 어떤 잣대로 지성을 측정해야 할까? 지식의 양이 1,000배여서 컴퓨터가 퀴즈 챔피언 인간에게 압승을 거뒀다 한들 인간의 지성을 전부 능가한 것은 아닐 것이다. AI의 지능지수가 설령 1만이 된다 해도 AI가 인간을 대신해 세계의 패권을 잡을 수 있는 지성을 획득한 것은 아닐 것이다. 이것은 레이싱카가 인간보다 1,000배 빠르다고 해서 인간을 지배하지는 못하는 것과 같다.

AI가 인간의 모든 지성을 초월한다면 인간 따위가 2045년의 경제 문제에 관해 끙끙 고민한들 무슨 의미가 있느냐는 생각도 든다. 그러나 다음 장에서 이야기하듯이 나는 모든 일을 기계에 맡길 수 있는 수준까지 AI가 발달하지는 못할 것이라고 예상한다. 컴퓨터의 처리 속도가 앞의 [그림1-5]처럼 진보할지도 불확실하지만, 설령 하드웨어가 예상대로 진보하더라도 AI라는 소프트웨어가 인간을 초월하게 되느냐는 별개의 문제다. 반대로 AI가 별다른 발달을 보이지 못해서 2045년이 되어서도 경제가 지금과 별로 다르지 않은 모습일 거라는 생각도 하지 않는다. 현재의 AI 열풍은 슬슬 가라앉을지도 모른다. 그러나 그런 열풍과 상관없이 AI는 끊임없이 발달할 것이다.

여기에 내가 문제로 삼는 것은 좀 더 호흡이 긴 이야기다. 최근 시작된 AI에 관한 일련의 연구 개발이 크게 결실을 맺으려면 아마도 2030년까지는 기다려야 할 것이다. 그렇다면 그로부터 15년 후인 2045년의 경제는 지금과는 크게 다른 모습이 되어 있을 터이다. 내가 이야기하고 싶은 것은 바로 그와 같은 경제의 거대한 변동이다.

The Fourth Industrial Revolution

2장

인공 지능은
어떻게 진화할 것인가?

지금 당신은 사색하는 힘을 높이기 위한
연구를 진행한다면서
왜 이런 실무적인 기계를 사용하는지
의아하게 여겼을 것이오.
그러나 내 장담하오만,
이 기계가 얼마나 유용한지 조만간
온 세상이 알게 될 것이오.

조너선 스위프트 Jonathan Swift, 《걸리버 여행기》

첨단 AI 연구의 현주소

앞 장에서는 AI의 발달과 함께 최근 들어 우려의 목소리가 높아진 기계의 반란이나 기술적 실업 등의 문제를 소개했다. 그런데 한편으로 이런 근본적인 의문도 생긴다. 과연 AI가 그런 심각한 문제를 일으킬 만큼 발달하게 될까? 이 책의 주제는 AI의 발달이 미래의 경제 성장과 고용에 어떤 영향을 끼칠지 생각하는 것이다. 그리고 이 문제를 생각하기 위해서는 AI 기술이 현재 어떤 수준에 있으며 향후 어떤 방향으로 얼마나 발전할지 확인할 필요가 있다.

이 장에서는 먼저 20세기의 AI를 간단히 다룬 뒤 21세기에 들어온 이후의 AI에 관해 조금 더 깊게 파고들어 설명할 것이다. 특히 최근 각광을 받고 있는 '딥 러닝'이라는 기술에 관해 소개하고, 이어서 연구자들이 실현을 꿈꾸고 있는 범용 인공 지능의 정체를 밝힌다. 또한 2030~2045년경의 범용 인공 지능이 인간의 지적 행동을 어디까지 대체할 수 있을지에 대해 논한다. 그리고 이런 논의를 통해 창조성이 필요한 직업을 중심으로 인간만이 할 수 있는 일이 조금은 남으리라는 예측을 이끌어낼 것이다. 이 결론은 뒷장에서 AI가 고용과 경제 성장에 끼칠 영향을 생각하기 위한 재료가 된다.

제5세대 컴퓨터의 실패

일본에서는 AI를 부정적으로 논하는 사람들이 '제5세대 컴퓨터'를 언급하는 경우가 종종 있다. 이것은 통상산업성(통산성, 현재 경제산업성)이 주도했던 거대 프로젝트다. 1982년에 시작되어 570억 엔을 쏟아 부었지만 이렇다 할 실용적 성과를 내지 못한 채 1992년에 종료되었으며, 그 후 일본의 AI 연구는 기나긴 침체기에 돌입했다. 당시 IBM 등의 대형 범용 컴퓨터를 '제4세대 컴퓨터'라고 불렀기 때문에 이 프로젝트는 그 뒤를 잇는 신세대 컴퓨터를 연구 개발한다는 의미에서 '제5세대 컴퓨터'로 명명되었다. 그리고 인간처럼 사고할 수 있는 AI를 지향한다는 커다란 목표를 내걸었다. 그러나 '제5세대 컴퓨터' 프로젝트는 인간처럼 사고하기는커녕 '가나(假名: 일본 문자)—한자 변환'의 성능 향상 이외에는 눈에 띄는 실용적 성과를 내지 못한 채 종료되었다.

제5세대 컴퓨터 프로젝트의 실패 영향으로 일본에는 AI를 도움이 안 되는 기술이라고 생각하는 관계자가 지금도 적지 않다. 그러나 지금의 AI 연구는 당시와는 비교도 안 되는 가능성을 지니고 있다. 단순화시켜서 말하면, 20세기의 AI 연구가 주로 지향했던 것은 기호를 처리하는 것이나 인간의 논리적 사고를 재현하는 것(논리적 접근)이었다. 그에 비해 21세기의 첨단 AI 연구는 인간의 직감적 사고를 재현하는 것이나 시각·청각 정보 등을 처리하는 것을 지향한다.

확률·통계적 접근 ⵙ

21세기에 들어와(정확히는 1990년대 후반 이후) 20세기의 논리적 접근 대신 '확률·통계적 접근'이 AI 연구의 주류가 되면서 실용적인 기술이 하나둘 탄생했다. 그 일례로, 인터넷 서점 사이트 아마존에는 책을 추천해 주는 '추천 시스템'이 있다. 이것은 자신과 취향이 비슷한 다른 사용자(자신의 구매 이력과 상관관계가 높은 다른 사용자)가 구입한 상품을 추천해 주는 기술인 '협조 필터링Collaborative Filtering'을 사용한 시스템이다. 이 시스템은 기본적으로 아주 간단한 확률·통계에 기반을 두고 있으며, 논리적 추론은 하지 않는다. 이런 것을 AI라고 부를 수 있느냐고 말하는 사람도 있지만, 인간을 대신해 지적 처리를 한다는 의

미에서 일단은 AI의 일종으로 간주하겠다.

'확률·통계적 접근'은 반드시 인간의 지적 행동을 직접적으로 모방하려는 시도는 아니지만, 결과적으로는 인간의 직감적 사고와 상통하는 측면이 있다. 가령 여러분과 음악 취향이 비슷한 사람이 있다고 가정하자. 그 사람이 좋아하는 노래가 있는데 여러분은 그 노래를 들어 본 적이 없다면 한번 들어 보고 싶어질 것이다. '협조 필터링'은 바로 그런 원리다. 여러분과 비슷한 책을 산 사용자가 있는데 그 사람이 산 책 중에 여러분이 사지 않은 책이 있다면 그 책을 추천한다. '비슷하다.'는 것은 뭐라 말할 수 없이 모호하고 직감적인 판단이다. 논리적 추론에 바탕을 둔 명확하고 엄격한 판단과는 극과 극의 관계라고 할 수 있다. 그러나 인간은 일상생활 속에서 끊임없이 이런 모호하고 직감적인 판단을 하면서 산다.

패턴 인식 또한 컴퓨터에 직감적인 판단을 시키는 기술 중 하나다. 패턴 인식은 몇 가지 패턴에서 의미 있는 패턴을 추출하는 정보 처리를 의미한다. 컴퓨터가 현실 공간에서 시각 정보나 청각 정보 등의 감각 데이터를 받아들여서 패턴 인식을 하는 것은 어려운 일이지만, 정보 공간에 이미 있는 수치 데이터나 텍스트를 패턴화하는 것은 비교적 쉽다. 다만 이를 위해서는 방대한 데이터를 처리해야 하는데, 1990년대에 컴퓨터의 처리 속도가 향상되고 인터넷이 보급된 덕분에 방대한 데이터를 처리할 수 있게 되자 확률·통계적 접근에 따른 데이터 분석이 활발히 진행되기 시작했다.

대량의 데이터를 분석해 의미 있는 지식을 찾아내는 것을 '데이터 마이닝Data Mining'이라고 한다. 대량의 데이터는 최근 '빅 데이터'라는 유행어로 불리고 있다. 데이터 마이닝에 관한 유명한 사례로는 컴퓨터를 이용해 미국 슈퍼마켓의 판매 데이터를 분석한 결과 기저귀와 맥주를 동시에 구입하는 사례가 많음이 밝혀졌다는 이야기가 있다. 컴퓨터가 밝혀낸 이와 같은 상관관계에 대해 그 이유를 생각하는 것은 현재 인간의 역할이다. 예를 들면 아버지가 기저귀를 사 달라는 부탁을 받고 슈퍼마켓에 온 김에 맥주도 함께 사는 일이 많다는 식이다. 기저귀와 맥주를 함께 진열했더니 매출이 증가했다는 이야기도 있는데, 이것은 아무래도 지어낸 이야기인 모양이다. 데이터 마이닝의 유용성을 호소할 때 자주 등장하는 대표 사례이다.

데이터 마이닝 중에서도 수치 데이터가 아닌 텍스트 데이터를 정보 처리의 대상으로 삼는 기술은 '텍스트 마이닝'이라고 불린다. 주관식 설문 조사에서 자주 나오는 단어를 추출해 어떤 의견의 경향이 있는지 조사하거나 트위터에 올라온 방대한 트윗을 분석해서 주가의 변동을 예측하는 일 등에 이용되고 있다. 최근에는 SNS에 방대한 텍스트 데이터가 있기 때문에 텍스트 마이닝이 활발히 진행되고 있다. 여담이지만, 나는 경제학을 배우던 대학원생 시절에 다른 대학에서 1년 정도 비상근 강사로 텍스트 마이닝을 가르친 적이 있다. 신문 기사에 자주 나오는 용어를 추출해서 각 기사를 정치, 경제, 문화 등 분야별로 분류하는 프로그램 같은 것들 학생들에게 만들게 했다.

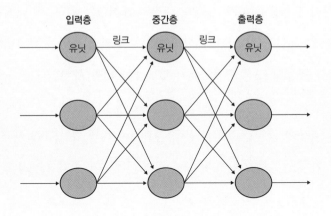

[그림2-1] **뉴럴 네트워크**

데이터 마이닝이나 텍스트 마이닝에는 통계적인 접근 이외에 '뉴럴 네트워크$^{Neural Network}$'가 사용될 때도 있다. '뉴럴 네트워크'는 뇌의 신경망을 모방한 수학 모델 또는 프로그램으로, 예를 들면 [그림2-1]과 같은 구조로 되어 있다. ○ 부분을 '유닛'이라고 부르며, ○와 ○를 연결하는 선을 '링크'라고 부른다. 실제 뇌에 대비시키면 유닛은 뉴런(신경 세포)에 해당하고 링크는 시냅스에 해당한다.

딥 러닝이라는 돌파구

이상과 같이 확률·통계적 수법과 뉴럴 네트워크를 이용해 정보 공간에 있는 데이터로부터 의미 있는 지식을 추출할 수 있는데, 현실 공간에서 얻을 수 있는 시각 정보나 청각 정보 등의 감각 정보를 패턴 인식할 때도 이 기술들이 이용된다.

20세기의 뉴럴 네트워크는 물체의 '특징'을 인간이 가르쳐 줘야 비로소 인식이 가능한 기술이었다. 여기에서 '특징'은 가령 고양이 그림의 경우 긴 수염이 났다든가 머리에 귀가 두 개 달려 있다는 것 등이다. 이런 특징을 인간이 뉴럴 네트워크에 가르쳐 줘야 했다. 그러나 인간의 어린아이는 성장 과정에서 세상을 패턴으로 분해해 파악하려 할 때 각 물체의 특징을 일일이 어른에게 배우지 않는다. 어린아이 스스로 특징을 찾아낸다. 그런데 컴퓨터가 이렇게 인간처럼 세상의 온갖 사물과 현상을 스스로 분해해 패턴을 추출할 능력이 안 된다면 논리적 사고라도 하도록 만드는 수밖에 없다. 그런 까닭에 20세기의 AI 연구에서는 패턴 인식이 주류가 될 수가 없었다.

그러나 영국 출신의 AI 연구자인 제프리 힌튼Geoffrey Hinton이 2006년에 고안한 '딥 러닝(심층 학습)'이라는 뉴럴 네트워크가 돌파구를 연 뒤로 패턴 인식은 21세기 AI 연구의 주류가 되고 있다. 딥 러닝은 [그림2-2]와 같이 레이어(계층)가 몇 층으로 깊어진 뉴럴 네트워크다. 그래서 '딥(심층)'이라고 부른다.

[그림2-2] **딥 러닝**

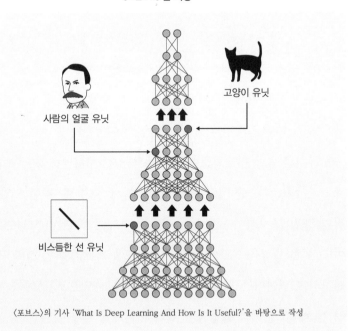

사람의 얼굴 유닛

고양이 유닛

비스듬한 선 유닛

〈포브스〉의 기사 'What Is Deep Learning And How Is It Useful?'을 바탕으로 작성

딥 러닝은 일반 직장인도 흥미를 느낄 만큼 각광을 받으며 오늘날 불고 있는 AI 열풍의 기폭제가 되었다. 그 이유는 무엇일까? 그 이유는 단순히 딥 러닝을 통해 패턴 인식의 정확도가 높아졌기 때문이 아니라 인간이 가르쳐 주지 않아도 컴퓨터가 물체의 특징을 찾아낼 수 있게 되었기 때문이다. 이에 따라 컴퓨터는 인간처럼 스스로 시각 정보를 분해해 물체의 패턴을 획득할 수 있게 되었다.

딥 러닝의 성과

2012년, 구글사의 연구 그룹이 개발한 프로그램 '구글 브레인^{Google} ^{brain}'이 인간에게 특징을 배우지 않았음에도 고양이의 얼굴 패턴을 획득해 화제가 되었다. 연구 그룹은 딥 러닝을 이용한 이 프로그램에 유튜브의 동영상에서 무작위로 고른 사진 1,000만 장을 읽게 했다. 사진에는 고양이의 얼굴이라든가 인간의 얼굴 등 여러 가지가 찍혀 있었다. 그러자 구글 브레인은 [그림2-2]처럼 사진 속에서 고양이의 얼굴에 공통적으로 나타나는 특징이나 인간의 얼굴에 공통으로 나타나는 특징을 스스로 추출해냈다. 아래의 레이어에서는 '세로선'이나 '비스듬한 선' 등의 윤곽선이 추출되고, 그보다 위쪽의 레이어에서는 눈이나 코 등의 패턴이 추출된다. 그보다 더 상위의 레이어에서는 사람 얼굴의 패턴이나 고양이 얼굴의 패턴을 얻는다. 이 프로그램에 고양이 얼굴 사진을 보여주면 고양이 얼굴의 패턴을 나타내는 유닛이 반응한다. 이것은 인간의 뇌로 치환하면 어떤 뉴런이 특정 물체에 반응하는 것과 같다. 뉴럴 네트워크의 유닛은 인간의 뇌의 뉴런(신경 세포)에 해당한다는 사실을 다시 한 번 떠올리기 바란다.

내가 구글 브레인의 연구에 관한 논문을 읽고 흥미롭게 느낀 점은 '할머니 세포 Grandmother Cell'라는 신경 과학의 유명한 가설이 이 연구의 힌트가 되었다는 것이다. 이것은 뇌에 할머니를 봤을 때만 반응하는 뉴런이 존재한다는 가설이다. 그리고 연구에서는 의도대로 고양이에만 반응하는 '고양이 유닛'이나 사람의 얼굴에만 반응하는 '사람 얼굴 유닛'이 뉴럴 네트워크상에 등장했다.

이와 같이 구글 브레인은 어떤 특징에 주목해야 할지를 인간에게 배우지 않고도 고양이 얼굴의 패턴을 획득하는 데 성공했다. 이는 지금까지 생명만이 스스로 세상을 분해해서 인식하는 존재였지만 딥 러닝을 통해 기계도 삼라만상에서 패턴을 찾아내고 세상을 분해해서 인식하는 존재가 되었음을 의미한다. 인식 대상이 되는 물체의 특징을 인간이 일일이 가르쳐 줘야 한다면 인간이 모르는 사이에 AI가 경이적으로 영리해지는 일은 절대 일어나지 않을 것이다. 그러나 딥 러닝 등장 이후의 AI는 인간에게 물체의 특징을 배울 필요가 없으므로 혼자서 얼마든지 영리해질 가능성이 있다.

현재 딥 러닝의 응용 범위도 급속히 확대되고 있다. 스카이프는 딥 러닝을 이용한 영어—스페인어 통역 서비스를 제공하고 있다. 지금도 간단한 회화에 대해서는 상당한 성능을 자랑하며, 앞으로 상담이나 학술회의 등의 복잡한 대화도 통역할 수 있게 될 것으로 기대되고 있다.

구글사는 사진에 주석을 달 수 있는 소프트웨어를 개발하고 있는데, 이 소프트웨어도 딥 러닝에 기반을 두고 있다. 이 소프트웨어는 가령 오토바이를 타고 진흙길을 달리는 사람이 찍힌 사진을 입력하면 '오토바이를 타고 진흙길을 달리는 사람' 같은 텍스트를 생성한다. 이것은 시각 정보를 언어로 바꾸는 인간의 지성을 재현하는 AI라고 할 수 있다.

딥 러닝의 응용 중에서 내가 가장 경이롭게 생각한 것은 게임을 하는 프로그램인 'DQN$^{Deep Q-Network}$'이다. 구글사에 인수된 딥마인드사가 개발한 이 프로그램은 딥 러닝을 기반으로 하며, 벽돌 깨기나 핀볼, 인베이더 같은 옛날에 유행했던 49가지 간단한 게임을 플레이한다. 인간은 DQN에 각 게임의 규칙을 가르쳐 주지 않는다. 그저 게임 화면을 입력하고 게임의 스코어(점수)를 AI가 최대화해야 할 값(가치 함수)으로 설정했을 뿐이다. 그러나 DQN은 이 설정만으로 플레이 방법을 터득해 49개 게임 중 29개에서 프로 게이머와 동등한 수준 또는 그 이상의 스코어를 냈다.

DQN은 스스로 화면을 보고 시행착오를 거듭하면서 스코어를 높이는 요령을 파악한다. 인간은 누군가가 규칙을 명확하게 가르쳐 주지 않아도 직감적으로 요령을 터득할 수 있는데, 드디어 컴퓨터도 과거에 실현이 어려우리라고 생각되었던 '직감'이라는 감각을 갖추는 데 성공한 것이다. 이 DQN을 개량하면 다양한 과제를 해결할 수 있는 범용성 높은 AI의 개발로 이어질 것으로 생각된다.

미래에 인간의 일자리를 모조리 빼앗는 AI가 등장한다면 그것은 DQN의 자손일지도 모른다. 참고로 바둑 AI인 '알파고'는 DQN의 개발사인 딥마인드사가 개발한 것으로, DQN의 기술[12]이 응용되었다. DQN의 자손은 이미 인간의 지성을 위협하기 시작한 것이다.

이와 같이 AI는 딥 러닝이라는 새로운 기술을 이용함으로써 지금까지 어려웠던 다양한 과제를 처리할 수 있게 되었다. 딥 러닝이 AI의 새로운 가능성의 문을 연 것도 최근 들어 기술적 특이점의 도래를 기대하거나 걱정하는 사람이 급격히 증가한 주된 이유 중 하나다.

언어의 벽을
넘을 수 있을까?

도쿄대학의 마쓰오 유타카 준교수는 딥 러닝의 출현
이 그전까지 AI의 연구 개발을 가로막았던 '특징 표현 획득의 벽'이
라는 거대한 벽을 뛰어넘게 했다고 말했다. AI가 스스로 특징 표현을
찾아낼 수 있게 되었다는 것이다. 그렇다면 이것을 기점으로 인간
수준의 지성을 발휘할 수 있는 AI의 실현까지 단번에 나아갈 수 있
을까? 이 문제에 관한 AI 연구자들의 의견을 종합하면, 향후 AI 기술
이 더욱 발전하기 위해서는 '언어의 벽'을 뛰어넘어야 한다고 말할
수 있을 듯하다.[13] 다만 이 벽의 높이에 대해서는 AI 연구자마다 견해
가 다르다.

언어는 인간만이 사용하는 고도의 도구이며, AI가 언어를 자유자

재로 구사하기 위해서는 몇 가지 어려움이 따른다. AI가 그 의미를 이해하지 못한 채 소설이나 논문을 쓰는 것은 지금도 가능하다. 학생이 리포트를 쓸 때 내용을 이해하지 않고 위키백과 등에 실린 문장을 적당히 손봐서 내는 경우가 있는데, 이런 것은 지금의 AI도 어렵지 않게 할 수 있다.

미국에서는 이미 AI 스포츠 기자가 활약하고 있다. '워드스미스 Wordsmith'라는 소프트웨어는 데이터를 입력하면 어떤 팀이 몇 대 몇으로 승리했다는 식의 문장을 생성할 수 있다. 그러나 워드스미스가 자신이 쓰는 글의 의미를 이해하는 것은 아니다. 데이터를 준비된 틀에 맞춰서 문장으로 변환할 뿐이다. AI가 말의 의미를 이해하지 못하는 상태에서는 독창적인 소설이나 논문을 쓰기 어려울 것이다.

일본에서는 2016년 3월에 AI가 쓴 소설이 '호시 신이치 상'이라는 문학상의 1차 심사를 돌파했다는 뉴스가 세간의 화제가 되기도 했지만, 이 소설은 집필에 인간이 관여했을 뿐만 아니라 그다지 독창성 있는 문체도 아니었던 듯하다.

AI가 시각 정보로부터 고양이 얼굴 등의 패턴을 스스로 획득할 수 있게 된 것은 커다란 발전이다. 그러나 인간은 시각 정보나 청각 정보 등의 감각 데이터와는 직접 연결되지 않는 '자유', '권리', '소유', '시장' 같은 추상 개념을 자유자재로 사용할 수도 있다. '고양이'나 '밥' 등이 유아도 사용하는 '저차원의 개념'이라면 '자유'나 '권리'는 좀 더 어른이 되어야 이해하고 쓸 수 있는 '고차원의 개념'이라고 할 수 있다. '저차원의 개념'의 이해를 축적해 나가면 '고차원의 개념'의 이해에 도달할 수 있을까?

'자유란 자신의 뜻대로 행동할 수 있는 것' 같은 사전적인 의미를 AI에게 기억시키는 것은 그리 어려운 일이 아니다. 그러나 그런 고전적인 접근법으로는 '자유'라는 말의 의미를 AI에게 이해시킬 수 없으며, 따라서 그 말을 자유자재로 활용하게 만들지도 못한다. 어디까지나 이미지에서 획득한 저차원의 개념을 축적해 나가는 형태로 고차원의 개념을 다룰 수 있게 만들어야 한다.

이미지라고는 했지만 시각뿐만 아니라 청각이나 촉각 등 다양한 정보가 AI에 입력되어야 한다. 여기에 AI가 로봇의 신체를 갖고 현실 공간에서 활동하지 않는다면 고차원적인 개념의 획득은 어려울지도 모른다.

가령 로봇이 '자유'의 개념을 획득하기 위해서는 몸을 구속당하는 '부자유'를 경험할 필요가 있을 수도 있다. AI · 로봇 연구자인 리쓰메이칸 대학의 다니구치 다다히로谷口忠大 준교수는 로봇이 감각기나 운동기를 통해 얻는 정보로부터 개념을 획득하는 AI의 접근법을 '기호창발創發 로보틱스'라고 부른다.[14] 이 접근법이 AI에 고차원의 개념을 획득하게 할 수 있을지도 모르며, 그때 비로소 AI가 의미를 제대로 이해하면서 자동 번역이나 자동 통역을 할 수 있게 될 것으로 생각된다.

범용 AI 개발 경쟁은
이미 시작되었다

선진적인 AI 연구자들이 언어의 벽을 뛰어넘은 뒤에 꿈꾸는 것은 '범용 인공 지능(범용 AI)'의 실현이다. '범용 AI'는 인간이 할 수 있는 지적인 행동을 대체적으로 할 수 있는 AI다. 좀 더 정확히 말하면 반드시 인간과 똑같이 행동할 필요는 없다. 범용 AI는 온갖 과제·목적에 대응할 수 있는 AI다.

현재 세상에 존재하는 AI는 전부 '특화형 인공 지능(특화형 AI)'이다. 시리는 음성으로 아이폰 등을 조작하는 목적에 특화된 AI이고, 1997년에 체스 챔피언에게 승리한 프로그램 '딥 블루'는 체스에 특화된 AI다. 한편 인간은 말하자면 '범용 지능'을 지니고 있다. 인간은 체스도 둘 수 있고, 독서도 할 수 있으며, 다른 사람과 대화도 할 수 있다.

범용 AI는 범용 지능을 지닌 인간의 두뇌와 마찬가지로 다양한 상황에 맞춰서 생각할 수 있는 소프트웨어다. 체스나 바둑도 둘 수 있고 책의 내용이나 사람과 사람의 대화도 이해할 수 있는 두뇌다. 범용 AI야말로 인공 지능이라고 부르기에 손색이 없으며, 특화형 AI는 인공 지능이라고 부르기에는 부족하다고 생각하는 연구자도 있다. 어쨌든, 최근 들어 범용 AI의 개발을 실현할 수 있지 않을까 기대하는 분위기가 생겨나고 있다. 그 이유로는 딥 러닝의 출현 외에 컴퓨터의 처리 속도가 충분히 향상된 것과 뇌 과학이 발전한 것 등을 들 수 있다.

2015년경부터 세계적으로 범용 AI 개발 경쟁이 시작되었다. 세계적으로 유명한 곳은 실리콘밸리의 창업가인 제프 호킨스Jeff Hawkins가 이끄는 '누멘타Numenta'사와 구글 산하의 딥마인드사다. 딥마인드사의 최종 목표는 범용 AI의 실현이며, DQN이나 알파고는 그 최종 목표에 도달하기 위한 긴 여정의 통과점에 불과하다. 자주 사용되는 비유이지만, 하늘을 나는 기계를 만들기 위해 반드시 새를 흉내 낼 필요는 없다. 다만 현시점에서는 인간의 뇌를 흉내 내는 것이 가장 빠른 길로 생각되고 있다. 그리고 그런 방법으로 실현하는 AI를 '두뇌형 AI'라고 부른다.

두뇌형 AI를 개발하는 방식은 프로젝트에 따라 다양하지만, 여기에서는 단순화해서 '전뇌 에뮬레이션'과 '전뇌 아키텍처'의 두 가지로 나눠서 생각해 보자. '전뇌 아키텍처'는 신피질, 기저핵, 해마 같은 뇌의 부위별 기능을 각각 프로그램(모듈)으로 재현하고 나중에 결합시키는 방법을 사용한다. 한편 '전뇌 에뮬레이션'은 뇌의 신경계의 네트워크 구조 전체를(혹은 뇌를 분자 층위에서 통째로) 스캔하는 등의 방법으로 컴퓨터상에 재현한다.

요컨대 [그림2-3]과 같이 뇌의 기능별로 사람이 프로그램을 짜느냐 뇌를 통째로 복제하느냐가 중요한 차이점이다.

마인드 업로딩을 실현할 수단 중 하나가 전뇌 에뮬레이션이다. 커즈와일은 나노봇을 사용해 뇌를 스캔하는 방법을 제창했는데, 이것도 전뇌 에뮬레이션의 일종이다. 유럽의 '휴먼 브레인 프로젝트Human Brain Project'와 미국의 '브레인 이니셔티브BRAIN Initiative' 같은 거대 프로젝

[그림2-3] **전뇌 에뮬레이션과 전뇌 아키텍처**

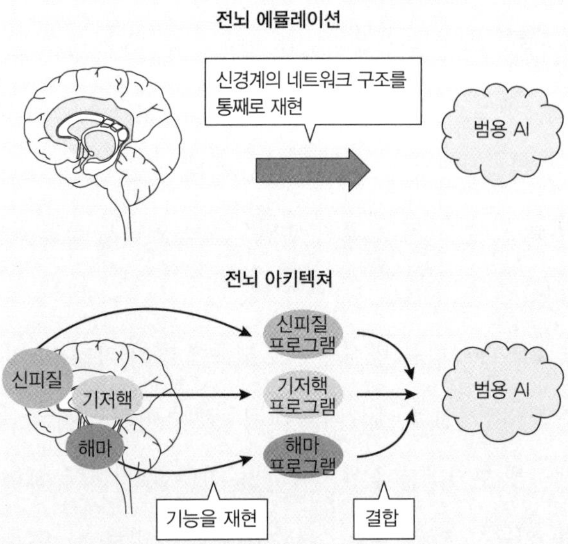

트는 자신들의 방법으로 뇌의 전모를 해명해 알츠하이머병이나 조현병 같은 정신적인 병의 원인을 밝혀내려 하고 있는데, 이들 프로젝트를 발판으로 삼으면 전뇌 에뮬레이션 방식으로 범용 AI를 구축할 수 있지 않을까 기대되고 있다. 다만 이 방식으로 범용 AI를 구축하는 것은 쉬운 일이 아닐 것이다.

인간의 뇌가 아니라 '예쁜꼬마선충$^{C.\ elegans}$'이라는 선형동물의 신경계에 대해서는 이미 전뇌 에뮬레이션이 실현되었다. 우아한 이름의 이 생물이 지닌 203개의 뉴런과 6,393개의 시냅스는 완전히 해명된 것이다. 신경계의 모든 배선을 나타낸 도면을 '커넥톰(신경 회로 지도)'이라고 한다. 예쁜꼬마선충은 인류가 커넥톰을 손에 넣을 수 있었던 최초의, 그리고 현 시점에서는 유일한 생물이다. 한편 인간의 뇌에 있는 뉴런 1,000억 개와 시냅스 100조 개의 완전한 도면인 '인간 커넥톰'을 손에 넣기까지는 상당한 시간이 필요할 듯하다.

인간의 유전자 정보인 '인간 게놈'은 2003년에 해명이 완료되었지만, '인간 게놈'의 뇌신경계 버전이라고도 할 수 있는 '인간 커넥톰'의 해명은 이제 막 시작되었을 뿐이다. 예쁜꼬마선충의 커넥톰에 비하면 '인간 커넥톰'은 규모가 달라도 너무 다르다. 커즈와일은 늦어도 2030년대 후반에는 마인드 업로딩이 가능해지리라고 예상했지만, 그때까지 인간 커넥톰을 획득할 가능성은 높지 않기 때문에 철학적인 문제를 차치하더라도 커즈와일의 예측이 실현되기는 어려울 듯싶다.

커넥톰의 제일인자인 프린스턴 대학의 세바스찬 승^{Sebastian Seung} 교수는 인류가 인간 커넥톰을 손에 넣는 시기를 금세기 말로 예상했다. 따라서 적어도 금세기 전반까지는 전뇌 에뮬레이션을 유망한 접근법으로 보기 어려울 것이다.

일본이 추진하는 '전뇌 아키텍처 프로젝트'

한편 전뇌 아키텍처는 전뇌 에뮬레이션과 달리 '인간 커넥톰'을 손에 넣는 것보다 뇌의 기능을 재현하는 데 중점을 둔다. 해마, 기저핵, 신피질 같은 뇌의 각 부위별 기능을 프로그램으로 재현해 통합하는 방식이다.

일본에서는 이런 방법으로 두뇌형 AI를 만들기 위한 '전뇌 아키텍처'라는 명칭의 프로젝트가 2013년에 시작되었다. 이 프로젝트는 어떤 기업, 대학, 정부 기관에도 속해 있지 않다. 몇 달에 한 번 정도 열리는 모임에는 연구자와 기업가, 학생 등 다양한 속성의 사람들이 200명 정도 모이며, 나도 이따금 이 모임에 참석한다. 이 모임은 2015년 8월에 '전뇌 아키텍처 이니셔티브'라는 NPO 법인으로 조직화되었다.

전뇌 아키텍처는 일본의 독자적인 접근법에 가까웠다. 그러나 2015년에 체코에서 같은 접근법의 프로젝트 'Good AI'가 시작되었다. 체코가 '로봇'이라는 말을 탄생시킨 나라임을 떠올리면 무시할 수 없는 경쟁 상대가 될 것 같은 기분이 든다. 또한 딥마인드사도 전뇌 아키텍처에 가까운 접근법을 채용하고 있는 듯하다. 제프 호킨스의 누멘타사는 전뇌가 아니라 이성이나 지성을 관장하는 대뇌신피질 부분만을 범용 AI로서 실현하려 하고 있다.

어쨌든, 전뇌 아키텍처는 범용 AI를 지향하는 시도로서 전뇌 에뮬레이션보다 유력한 접근법으로 생각된다. 1,000억 개나 되는 뉴런과 100조 개에 이르는 시냅스를 통째로 재현하려는 터무니없는 시도보다는 뇌의 각 부위별 기능을 프로그램으로 재현한 다음 통합하는 방법이 더 손쉽고 현실적이기 때문이다.

'전뇌 아키텍처 이니셔티브'의 부대표인 이과학 연구소의 다카하시 고이치高橋恒一는 전뇌 아키텍처라는 접근법을 가능케 하는 조건을,

- 뇌는 모듈로 나뉘어 있다(분해 가능성)
- 각 모듈은 머신 러닝machine learning 기기이다
- 그 머신 러닝 기기들을 조합하면 새로운 기능, 지성이 생겨난다

라는 세 가지 가설로 정리했다. 머신 러닝이란 확률 통계나 뉴럴 네트워크 등에 기반을 둔 AI가 몇 가지 데이터를 읽어 들임으로써 규칙성을 추출하거나 물체를 인식할 수 있게 되는 것을 의미한다. 뇌 속의 해마나 신피질, 기저핵 같은 각 부위가 독립적으로 기능한다면

뇌는 모듈로 나뉘어 있는 셈이다. 그렇다면 가령 해마에 해당하는 프로그램, 기저핵에 해당하는 프로그램 등을 동시 병행적으로 개발할 수 있다. 그런데 가령 해마에 해당하는 프로그램 같은 것을 정말 만들어낼 수 있을까? 해마 등 뇌의 각 부위를 '머신 러닝 기기'로 생각할 수 있다면 머신 러닝 기술을 응용해서 각 모듈에 해당하는 프로그램을 개발할 수 있다. 여기에 인간의 뇌가 그런 머신 러닝 기기들을 조합시켜서 다양한 지성을 발휘시키고 있다면 프로그램도 조합을 통해 인간과 같은 지성을 발휘할 수 있게 될 것이다. 이상의 과제를 해결한다면 전뇌 아키텍처 방식으로 범용 AI의 연구 개발을 순조롭게 진행할 수 있다.

이 접근법은 전뇌 에뮬레이션과는 상당히 다르다. 전뇌 에뮬레이션의 경우, 특히 커즈와일이 말하는 방법을 사용한다면 굳이 뇌의 각 부위의 메커니즘을 해명할 필요는 없다. 나노봇으로 뇌 속을 구석구석까지 스캔해서 신경계의 네트워크 구조를 데이터화할 수 있으면 그것으로 충분하다. 그에 비해 전뇌 아키텍처는 뇌 과학이나 신경 과학의 견지를 참고하면서 각 부위의 기능을 꼼꼼히 머신 러닝 프로그램으로 만들어서 장착해야 한다.

AI는 창조적인 일을
해낼 수 있을까?

　'전뇌 아키텍처 이니셔티브'에 소속된 몇몇 연구자
는 지금으로부터 15년 후인 2030년경에는 범용 AI가 출현하리라고
예상했다. 나도 그 예상을 지지하지만, 모든 지성의 측면에서 AI가 인
간 수준 또는 그 이상이 되기는 어려울 것으로 생각한다.

　앞 장에서도 말했지만, '대부분의 지성'과 '모든 지성'은 하늘과 땅
만큼의 차이가 있다. 그 이유를 한마디로 정리하면 '생명의 벽[15]'이
가로막고 있기 때문이다. AI가 살아 있는 생명인 인간의 지능이 아닌
데서 발생하는 단점이 존재한다는 말이다. "인공 지능과 자연 지능의
차이를 메울 수는 없다."라고도 표현할 수 있다. '자연 지능'이란 기
나긴 진화 끝에 나타난 우리 자신의 지능이다.

문과 계열의 사람은 '인공 지능이 자연 지능보다 떨어지는 건 당연하잖아?'라고 생각할지도 모른다. 기계인 컴퓨터가 아무리 인간의 지적 행동을 모방한다고 해도 생명체인 인간에게는 미치지 못하는 영역이 있으며, 특히 사람의 영혼을 감동시키는 예술 작품을 만들어내지는 못하리라고 생각할 것이다. 그러나 이것은 그렇게 자명한 사실이 아니다. 이공학 계열의 사람 중에는 "뇌라는 실제로 작동하는 물체가 여기에 있는데 그것과 똑같이 작동하는 기계를 만들어내지 못할 이유가 전혀 없다." 같은 주장을 하는 사람이 종종 있다. 뇌의 물질성으로 환원할 수 없는 영혼 따위는 미개한 사람들이나 믿는 미신에 불과하다는 생각이다.

내가 최근에 참가한 관청 주최 회의에서는 문과 계열 연구자와 이과 계열 연구자가 모두 모여서 "AI는 창조적인 일을 해낼 수 있는가?", "AI는 의식을 지닐 수 있는가?", "AI에 인간과 똑같은 책임을 지워야 하는가?" 같은 문제를 놓고 토론을 벌였는데, 전혀 합의점을 찾지 못했다. 그만큼 어려운 문제인 것이다.

여기에서는 AI가 인간의 지성을 넘을 수 있느냐는 질문에 대한 나의 잠정적인 견해를 밝히려 한다. 먼저 강조하고 싶은 점은 '전뇌 에뮬레이션 방식'이냐 '전뇌 아키텍처 방식'이냐에 따라 범용 AI가 할 수 있는 행동의 범위가 크게 달라진다는 것이다. 이것은 AI 연구자들도 그다지 의식하지 않고 있지만, 나는 매우 중요한 차이라고 생각한다. 어떤 방식으로 범용 AI를 실현하느냐에 따라 '인간의 일자리가 완전히 소멸할 것이냐, 남을 것이냐' 하는 고용을 둘러싼 논의가 크게 달라지기 때문이다.

전뇌 에뮬레이션 방식이라면 '인공 지능과 자연 지능의 차이'는 이론적으로 제로가 된다. 신경계의 네트워크 구조가 지성의 작용을 전부 결정한다면 그것을 재현한 소프트웨어는 이론적으로 인간의 뇌와 완전히 똑같은 일을 할 터이다(단, 뒤에서 이야기할 '신체지身體知'의 존재가 차이를 만들어낼지도 모른다). 그래서 나는 컴퓨터상의 소프트웨어가 인간과 완전히 똑같은 지적 행동을 할 수 있게 될 가능성을 부정하지 않는다. 그때 컴퓨터가 정보 처리 속도나 기억 용량의 측면에서 인간을 웃돈다면 그 소프트웨어는 인간의 지적 능력을 능가할 것이다.

다만 이것은 전뇌 에뮬레이션 방식에 국한된 이야기다. 이 방식의 범용 AI는 자연의 뇌를 복제한 것이지 인위적으로 설계해서 만든 것이 아니므로 인공 지능이 아니라 자연 지능이라고 불러도 손색이 없을 정도다(따라서 이 책에서는 앞으로 단순히 AI라고 말할 경우 전뇌 에뮬레이션 방식은 포함하지 않기로 한다). 이런 '컴퓨터상의 자연 지능'은 생명의 벽을 뛰어넘을 것이다.

한편 전뇌 아키텍처 방식의 경우, 인간의 지적 행동이 뇌의 어떤 작동 원리에 따라 수행되는지를 이해하고 그 이해를 바탕으로 인위적으로 프로그램을 설계해서 만든다. 그런데 뇌의 작동 원리를 알았다고 해서 모든 지성을 재현할 수 있는 것은 아니다. 우리의 지성은 우리가 지닌 무수한 욕망 또는 감성과 연결되어 있기 때문이다. 인간의 마음속에 숨어 있는 욕망이나 감성을 전부 추출하는 것은 현재의 기술로는 불가능하다. 인간의 욕망은 식욕이나 성욕 등 생존이나 번식과 관계가 있는 것에 한정되지 않으며, 자살 욕구나 파멸 욕구까지 포함해 매우 다양하다. 감성의 경우도 산들바람이 뺨을 스치고 지나가면 기분이 좋지만 강풍이 얼굴을 때리면 불쾌해지듯이 섬세하고 복잡하다.

내가 생각하는 '생명의 벽'이라는 것은 전뇌 아키텍처 방식의 범용 AI는 생명이 아니기 때문에 인간이 부여한 범위에서만 욕망과 감성을 지닐 수 있음을 의미한다. 오사카 대학의 이시구로 히로시石黒浩 교수는 방송인 마쓰코 디럭스マツコ・デラックス와 닮은 로봇 '마쓰코 로이드'의 제작 감수자로 널리 알려져 있는데, 이시구로 교수가 개발한 다른 로봇인 '에리카'는 '칭찬받고 싶다.', '쉬고 싶다.'는 두 가지 욕망을 지니고 있다. 그리고 당연한 말이지만 이런 욕망은 인간 연구 개발자가 부여한 것이다.

인간은 자신이 알고 있는 현재적顯在的인 욕망만을 AI·로봇에 부여할 수 있다. 그런데 예를 들어 인간의 '이런 노래를 듣고 싶다.'는 욕망에는 자신조차 알지 못하는 잠재적인 것도 있을 수 있다. 그래서 새로운 장르의 노래를 접하고 완전히 매료되는 일이 일어나는 것이다. 소비자의 구매 이력을 빅 데이터로 모은들 그것은 겉으로 드러난 욕망이나 감성에 불과하며, 여기에서 우리 자신이 아직 알지 못하는 잠재적인 욕망이나 감성을 찾아낼 수는 없다. 그런 욕망이나 감성을 전부 찾아낼 방법이 있다면 그것은 전뇌 에뮬레이션과 비슷한 기술이다.

전뇌 아키텍처 방식의 범용 AI는 인간의 잠재적인 욕망이나 감성을 알 수 없으므로 그만큼 예술 작품을 만들 때 인간에 비해 불리함을 안게 된다.

감각의 통유성

다만 그렇다고 해서 AI가 예술 작품을 만들어낼 수 없다는 말은 아니다. AI는 이미 바흐^{Bach}와 비슷한 스타일의 음악을 작곡할 수 있다. 캘리포니아 대학 음악학부의 데이비드 코프^{David Cope} 교수가 개발한 작곡 프로그램인 'EMI'는 청중이 바흐가 실제로 작곡한 곡과 구별해내지 못하는 수준의 곡을 만들어낼 수 있다. 그러나 이것은 고작해야 흉내에 불과하며, 혁신적인 창작 활동과는 다르다. 바흐의 곡이 아니라 중세 르네상스 시대부터 바로크 시대에 이르는 바흐 이전의 음악을 입력했을 때 바흐와 유사한 곡을 만들어낼 수 있어야 비로소 AI가 바흐와 동등한 창조성을 갖췄다고 말할 수 있다. 그럴 수 있다면 역사상 존재한 온갖 음악을 입력함으로써 많은 사람이 참신하게 느끼는 음악을 새롭게 만들어낼 가능성이 있다. 그러나 이것은 AI에 어려운 일이다. 음악의 취향은 사람마다 다양하지만, 그럼에도 많은 사람

(혹은 적더라도 복수의 사람)을 기분 좋게 하는 멜로디나 리듬의 패턴은 분명히 존재한다. 역사상 위대하다고 평가받는 음악가는 그런 패턴을 발견한 사람이며, 위대한 예술적 창작은 인간의 뇌에 잠들어 있어 발견되지 않았던 감동의 패턴을 발굴하는 작업이라고도 말할 수 있다. AI가 이런 발굴을 하기 어려운 이유는 인간과 같은 뇌를 갖고 있지 않은 까닭에 인간이 무엇에 감동하는지를 선천적으로 알지 못하기 때문이다.

인간의 욕망과 감성은 다종다양하지만, 그래도 기본적으로 비슷한 뇌를 갖고 있기 때문에 인간 사이에는 어느 정도의 공통성이 있다. 나는 이것을 '감각의 통유성通有性'이라고 부른다. 인간 작곡가는 새로운 멜로디가 떠올랐을 때 그것이 기분 좋은 멜로디인지 아닌지를 자신의 뇌에 물어볼 수 있다. 그리고 자신에게 기분 좋은 멜로디는 타인에게도 기분 좋은 것일 가능성이 충분히 있다. 이것은 인간에게 감각의 통유성이 존재하기 때문이다. 그런데 AI와 인간 사이에는 감각의 통유성이 선천적으로는 존재하지 않는다. AI는 새롭게 떠오른 멜로디가 인간에게 기분 좋은 것인지 아닌지를 자신의 뇌에 물어보면서 작곡할 수 없다는 말이다. AI가 할 수 있는 일은 이미 세상에서 인기를 끌고 있는 곡과 비슷한 곡은 잘 팔릴 것이라는 추측이다. 혹은 과거에 히트한 음악의 경향과 SNS에서 수집한 사람들의 심정의 경향을 조합해서 앞으로 히트할 것 같은 음악을 예상해 만드는 것이다. 이것은 음악뿐만 아니라 소설이나 영화 등 많은 예술 작품도 마찬가

지다. 단, 시나 사진, 콜라주 아트처럼 복잡한 구조가 필요 없는 분야
는 이야기가 다르다. 무작위 조합이나 우연을 통해서도 인간이 호감
을 느끼는 참신한 작품이 탄생할 가능성이 있기 때문이다.

　감각의 통유성 문제는 예술적 창작 같은 거창한 일이 아니라 우리
주변의 일자리와도 관계가 있다. 가령 범용 AI를 탑재한 로봇이 종업
원으로 일하는 레스토랑의 내부를 쥐가 돌아다니고 있다고 가정하
자. 실제로 나는 시부야에서 지인 여성과 식사를 하다가 점내를 돌
아다니는 쥐를 본 여성이 비명을 지르며 의자 위로 올라가는 장면을
목격한 적이 있다. 이런 상황에서 로봇 점원은 어떤 판단을 내려야
할까?

　바퀴벌레를 발견하면 때려잡으라고 인간에게 미리 교육을 받았더
라도 쥐가 돌아다니는 상황은 거의 없으므로 쥐에 대해서는 대처법
을 배우지 못했을지도 모른다. 그럴 경우 로봇 점원은 아무런 판단도
하지 못하거나 바퀴벌레로부터 유추해 쥐를 때려잡을 가능성이 있
다. 그러나 그런 끔찍한 광경을 본다면 안 그래도 쥐를 싫어하는 내
지인 여성은 심각한 정신적 충격을 받을지도 모른다. 그러므로 최선
의 방책은 아마도 쥐를 가게 밖으로 내쫓는 것이 아닐까 싶다. 살아
있는 바퀴벌레가 점내를 돌아다니는 것보다는 죽은 바퀴벌레를 보
는 편이 차라리 낫지만, 처참하게 죽은 쥐를 보는 것은 살아 있는 쥐
가 점내를 돌아다니는 것보다 더 불쾌하다. 이런 많은 사람에게 공통
되는 미묘한 심리를 로봇이 자신의 '머리'로 이해하기는 매우 어려울

것이다. 인간의 뇌는 서로 비슷하므로 이른바 '불쾌감의 통유성'이 있지만, 인간과 AI 사이에는 그것이 없다.

그래서 설령 로봇 점원이 패스트푸드점이나 식당 등에서 일하는 시대가 오더라도 쥐의 발생 같은 예측하지 못한 사태에 대비해 로봇 점원에게 적확한 지시를 내릴 수 있는 인간을 한 명 이상 둘 필요가 있을지도 모른다. 그러므로 전뇌 아키텍처 방식의 범용 AI가 보급되더라도 점주 정도는 인간이 맡게 될 것이다. 아니면 저렴함을 앞세운 패스트푸드점의 경우는 쥐의 퇴치도 손님이 알아서 하는 '셀프 서비스'가 될지 모른다.

로봇이 신체 감각을
가질 수 있을까?

 가장 이해하기 쉬운 생명의 벽은 AI가 인간과 같은 신체를 갖지 못한 탓에 '신체지身體知'를 얻지 못하는 것이 아닐까 싶다. '신체지'란 헤엄치는 법이라든가 야구 배트를 휘두르는 법, 바이올린을 켜는 법처럼 말로는 명확히 표현하기 어려운 무수한 신체 감각에 바탕을 둔 지식을 의미한다. 전뇌 에뮬레이션 방식이라고 해도 뇌만을 복제한 것이지 몸을 통째로 복제한 것은 아니므로 신체지의 획득은 어려울 것으로 생각된다. 우리의 뇌와 신체는 신경계를 통해 복잡하게 연결되어 있으며, 신체지는 그런 뇌와 신체의 총체적인 작용을 통해 획득된다. 인간은 무수한 신체 감각을 지니고 있으며 그것이 스포츠뿐만 아니라 학문이나 예술, 비즈니스, 대인 서비스에 필요한 기능 또는 영감을 준다. 호킹 박사가 말했듯이 뇌는 근육이 아니지만, 근육은 뇌처럼 사고에 관여한다.

설령 AI가 인공 신체인 로봇에 탑재된다 해도 그 신체는 생명이 있는 인간의 그것과는 다르다. 그렇다면 그 AI · 로봇이 인간이 획득하는 것과 같은 신체지를 스스로 발견하고 획득하기는 불가능하다. 예를 들어 사람에게 야구 배트를 휘두르는 법을 가르쳐 주는 코치의 역할을 로봇이 할 수 있을까? 로봇은 인간과 같은 신체를 갖고 있지 않기 때문에 인간이 배트를 휘두를 때의 신체 감각을 알지 못한다. 로봇은 인간과는 다른 신체를 갖고 있기 때문이다.

인간은 다종다양한 신체 감각을 지니고 있지만, 그 감각은 인간 사이에서 어느 정도 공통성을 지닌다. 이것을 '신체 감각의 통유성'이라고 부를 수 있을 것이다. 그러나 인간과 로봇 사이에는 이 통유성이 거의 없다. 로봇도 야구 배트를 휘두르는 방법을 매뉴얼대로 인간에게 가르칠 수는 있겠지만, 매뉴얼 자체를 만들지는 못한다. 또 자신의 몸에 물어볼 수가 없기 때문에 매뉴얼에 나와 있지 않은 부분을 세심하게 코칭하기도 어려울 것이다. 따라서 로봇은 평범한 코치는 될 수는 있어도 명코치가 될 수는 없다.

철학자이자 AI 연구자인 니시카와 아사키西川アサキ는 로봇에게 가장 어려운 직업으로 요가 지도자를 꼽았다. 로봇은 어떤 포즈를 취하면 기분이 좋아지는지 자신의 몸에 물어볼 수가 없기 때문이다. 로봇에게 기분 좋음을 인식하는 기능을 장착할 수도 있지만, 그럴 경우에도

인간과 로봇 사이에는 신체 감각의 통유성이 없기 때문에 로봇은 인간에게 적절한 요가 지도를 할 수 없다.

AI는 장기판을 뒤엎을까?

감각의 통유성은 발상력의 문제와도 관계가 있다. 지금도 AI 기술을 적용한 소프트웨어는 새로운 아이디어를 생각해낸다. 장기를 두는 소프트웨어(장기 AI)는 이미 하드웨어의 높은 성능을 앞세워 아무런 창조성도 없는 수를 모색하는 수준을 벗어났다. 단순히 프로 장기 기사의 기풍을 흉내 내는 데 그치지도 않는다. 지금까지 프로 장기 기사가 둔 적이 없는 새로운 수를 둘 줄 안다.[16] 게다가 최근의 장기 AI는 프로 장기 기사의 대전 기록(기보)에서는 더 배울 것이 없어져 장기 AI끼리 대전한 기보를 학습하며 새로운 수를 찾아내고 있다. 따라서 앞으로 몇 년이 지나면 AI끼리의 대국은 인간의 영역을 아득히 뛰어넘은 '신의 영역'에 이를 것이다. 역대 최강의 장기 기사라는 하부 요시하루 명인조차 장기 AI의 발끝에도 미치지 못하게 되는 시대가 조만간 찾아오는 것이다.

그러나 언뜻 '인간 대 컴퓨터'의 싸움으로 보이는 장기 대전도 그 본질은 '인간 대 인간'의 싸움이라고 할 수 있다.[17] 컴퓨터를 이용한 인간과 맨손인 인간의 싸움에 불과하다. 장기 AI가 인간을 물리쳤다 해도 컴퓨터가 인간에게 승리한 것은 아니다. 그 장기 AI를 설계한 존재는 다름 아닌 인간이기 때문이다. 컴퓨터가 장기를 두는 소프트웨어를 스스로 프로그래밍한 것이 아니다.[18] 프로그램이 아이디어를 생각해낸다고 해도 그 프로그램을 개발한 존재는 인간이며, 그 발상의 틀을 설계한 존재 또한 인간이다. 그런 의미에서 생각하면 AI는 아직 부처님 손바닥 위의 손오공처럼 인간의 손바닥 위에 있다.

프로그램이 어떤 게임에서 인간에게 승리하거나 새로운 발상으로 인간을 놀라게 한들 그 틀 자체를 넘어서는 일은 없다. 가령 장기를 두다가 질 것 같을 때 장기판을 뒤엎어 게임을 무효로 만들 생각을 하는 장기 AI는 현 시점에서 존재하지 않는다. 이는 AI에게 손발이 없어서가 아니라 애초에 그런 욕망을 갖고 있지 않기 때문이다. 욕망은 발상을 만들어내는 근원이다. 욕망이 없으면 장기판을 뒤엎는 것 같은 '비약적인 아이디어'를 떠올릴 수가 없다.

물론 인간이 적절하게 목적(과 신체)을 부여한다면 AI도 장기판을 뒤엎는다는 발상을 하게 될지 모른다. 그러나 그럴 경우라도 AI는 그런 목적에서 벗어난 행위를 생각해내지 못한다. 이는 딥 러닝을 이용해도 마찬가지로, DQN이 생각하는 것은 점수를 높이기 위한 궁리뿐이다. 인간이 부여한 목적을 달성하는 데 필요한 것 이외에는 아무것도 생각하지 않는다. 이것이 생명체인 인간과의 차이점이다.

다양한 욕망을 스스로 획득할 수 있는 AI가 개발된다면 그런 AI는 생명체에 가깝다고 할 수 있다. 절반쯤은 생명의 벽을 뛰어넘었다고도 할 수 있다. 그러나 이 경우 AI의 욕망은 인간과는 전혀 다른 엉뚱한 방향으로 증폭될 가능성이 높다. 이런 AI가 만들어내는 아이디어는 인간에게 유의미한 것이 되지 못한다. AI와 인간 사이에는 감각의 통유성이 존재하지 않기 때문이다. 발명이나 발견 등의 아이디어를 떠올릴 경우도 AI는 예술적 창작과 같은 문제에 부딪히는 것이다. 요컨대 AI가 '인간에게 의미 있는 비약적인 아이디어'와 '인간에게 기분이 좋으면서 획기적인 멜로디'를 만들어내기 어려운 것은 같은 이유에서다.

이와 같이 전뇌 아키텍처 방식의 범용 AI는 생명의 벽을 넘기가 어려우며, 인간과 같은 감각의 통유성을 지닐 수 없기 때문에 주도적으로 인간에게 가치 있는 발명·발견, 예술적 창작을 하지 못한다. 그러나 이것을 이 접근법의 결점이라고 말할 수는 없다. 나는 기계가 비약적인 발상을 해서 인간을 깜짝 놀라게 한다거나 인간의 심금을 울리는 예술 작품을 창작하기를 바라지 않는다. 그런 것은 인간의 영역으로 남았으면 한다. 세계 평화를 위해서는 전뇌 에뮬레이션 방식을 국제 조약으로 금지시키고 전뇌 아키텍처 방식의 AI 개발만을 허용하는 편이 좋지 않을까 싶다.

어쨌든, 21세기의 전반기에 전뇌 에뮬레이션이 실현되지 않는다면 적어도 그 기간에는 창조성이 필요한 직업을 중심으로 인간에게도 할 일이 남게 될 것이다. 이 점에 관해서는 2030년부터 2045년에 걸친 경제 구조의 변화를 논할 4장에서 다시 다루도록 하겠다.

The Fourth Industrial Revolution

3장

이노베이션 · 경제 성장 · 기술적 실업

세상은 나를 낙관론자라고 말하지만,
일본 경제는 나보다 더 놀라운 낙관론자 같다.

시모무라 오사무下村治,《일본 경제 성장론日本経済成長論》

AI는 경제 성장을
어떻게 촉진하는가?

앞 장에서는 AI의 기술이 언제, 어느 정도 발달할 것
인가에 관한 예측을 제시했다. 다시 한 번 정리하면, 뒤의 [그림3-1]과
같이 2030년경을 기준으로 그 이전을 '특화형 AI의 시대', 이후를 '범용
AI의 시대'로 규정할 수 있다. 범용 AI는 인간처럼 여러 가지 지적 과제
를 수행할 수 있지만, 21세기 전반에는 생명의 벽을 넘지 못하는 까닭
에 지성의 모든 측면에서 인간을 능가하지는 못할 것으로 생각된다.

이 장과 다음 장에서는 이런 예측을 바탕으로 미래의 AI가 경제에
끼칠 영향을 논하려 한다. 이 장에서는 특히 2030년 이전의 AI인 특
화형 AI가 어떻게 고용을 빼앗을 것인가, 어떻게 경제 성장을 촉진할
것인가에 관해 논할 것이다.

저성장, 제로 성장을 넘어서

1장에서 살펴봤듯이, AI의 발달은 기술적 실업이나 기계의 반란을 유발하지 않을까 하는 우려와 저출산·고령화에 따른 일손 부족을 해결하고 경제 성장을 가속시켜 주리라는 기대를 동시에 받고 있다. 비관론자는 우려만 하고 있고 낙관론자는 기대만 하고 있지만, 우리는 AI의 발달이 가져올 이익과 손해를 균형 있게 검토할 필요가 있다.

다만 지금의 일본에는 세상의 종말을 걱정하는 사람이 더 많으며 수많은 비관론이 범람하고 있다는 인상을 받는다. 특히 연세가 지긋한 인문계 지식인이 인생의 황혼기를 맞이한 자신의 감상과 체념을 투영하듯이 "이 나라의 영락은 피할 수 없다!"라고 주장하는 논설을

[그림3-1] **경제 시스템과 산업의 변천**

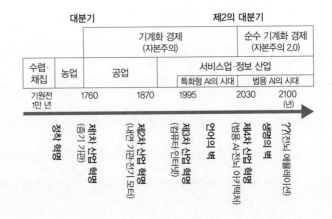

종종 보게 된다. 이미 성숙할 대로 성숙한 일본 경제는 저출산·고령화의 진행과 함께 쇠락할 수밖에 없으므로 다시 성장하기를 바라지 말고 저물어 가는 운명을 얌전히 받아들여야 한다는 것이다.

사람은 나이를 먹을수록 돈이 모이는 것과는 반대로 욕망이 줄어든다. 그리고 황혼기에 이르면 이 이상의 물질적 풍요는 불필요하게 느껴진다. 따라서 연세가 지긋한 분이 "경제 성장은 이제 불가능하다."라든가 "경제 성장을 지향해서는 안 된다." 같은 이른바 '반反성장론'을 외치더라도 그런 심리를 감안하며 들을 필요가 있다. 다만 기술이나 생산율에 극적인 변화가 나타나지 않는 한 일본 경제가 언젠가 제로 성장에 빠지는 것은 피할 수 없는 운명이다. [그림3-2]는 내가 인구 통계를 사용해서 시뮬레이션을 한 미래의 경제 성장률(실질 GDP 성장률)이다(2031년에 일시적으로 상승하는 이유는 병오丙午년에 태어

[그림3-2] **일본 경제 성장률의 예측**

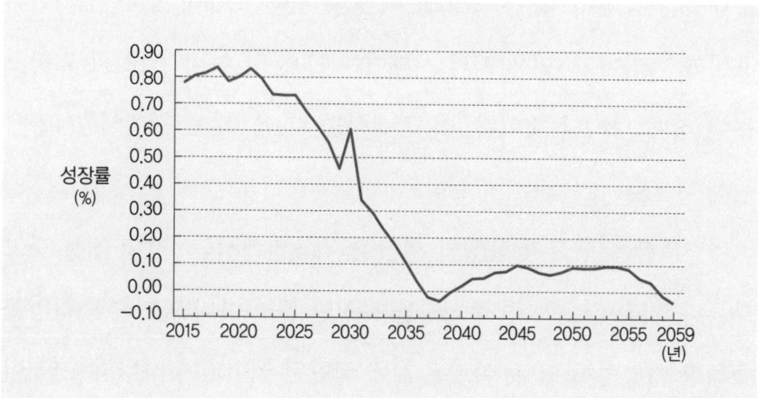

성장률
(%)

| 년 | 0.90 0.80 0.70 0.60 0.50 0.40 0.30 0.20 0.10 0.00 -0.10 |

2015 2020 2025 2030 2035 2040 2045 2050 2055 2059
(년)

난 여성은 기가 세고 남편을 일찍 죽게 만든다는 미신 때문에 출산이 급격히 감소했던 1966년 세대가 퇴직하는 해이기 때문이다). 2030년대 후반 이후 일본은 경제 성장률이 아무리 높아도 0.1퍼센트라는 실질적인 제로 성장 상태에 빠진다. 2020년대 후반에 일찌감치 제로 성장 시대에 돌입할 것이라는 예측도 있다. 이와 같은 제로 성장의 원인은 다름 아닌 저출산·고령화다.

그러나 AI가 앞으로 크게 진보할 기술이라면 다른 미래도 있을 수 있다. AI가,

(1) 생산의 효율성을 향상시킨다
(2) 인간의 노동을 대부분 대체해 경제 구조를 변혁시킨다

라는 두 가지 효과를 통해 경제 성장을 촉진할 것이기 때문이다. 다만 뒤에서 자세히 이야기하듯이 이 두 효과는 모두 기술적 실업을 초래할 가능성이 있다. 2030년 이전의 특화형 AI의 시대에는 (1)의 효과가 나타나고, 범용 AI의 시대에는 (1)뿐만 아니라 (2)의 효과도 눈에 띄게 나타날 것이다. 이 장에서는 (1)을, 다음 장에서는 (2)에 관해 다룬다.

(1)과 같은 생산 효율성의 향상을 경제학에서는 '기술 진보'라고 부른다. 기술 진보는 경제 성장을 촉진할 뿐만 아니라 기술적 실업을 초래할 가능성이 있다. 이것은 AI에 국한된 이야기가 아니다. 그것이

컨베이어 벨트이든 전기 모터이든, 이노베이션(새로운 기술의 도입)은 노동력을 절약시킴으로써 생산성을 높이기 때문에 노동자를 실업으로 내몰 위험성을 동반하면서도 경제 성장을 촉진하는 것이다.

그래서 이 장에서는 AI 고유의 문제가 아닌 이노베이션과 경제 성장, 기술적 실업의 일반적인 관계에 관해 논하고, 그 관계에 입각해 현재의 AI 기술 발달이 미래에 가져올 변화를 생각해 보려 한다.

이노베이션은
아직 끝나지 않았다

경제학에서는 기술 진보야말로 지속적인 경제 성장을 가져다준다고 생각한다. 현재의 중국과 인도, 고도 경제 성장기의 일본은 선진국을 따라잡는 과정에 있거나 있었으며, 그 과정에서 7~10퍼센트에 이르는 높은 경제 성장률을 실현했거나 실현하고 있다. 개발도상국은 선진국으로부터 높은 수준의 기술을 도입하지만 그에 걸맞은 '자본(기계나 컨베이어 벨트, 공장 등의 생산 설비)'이 없기 때문에 자본을 급속히 확대시키는데, 이것이 고성장을 가능케 한다. 그러나 초장기적인 관점에서 보면 이런 성장은 지속되지 못한다. 자본이 기술 수준에 걸맞은 양에 도달하고 1인당 GDP가 선진국을 따라잡으면 고도 경제 성장은 막을 내리고 저성장 시대를 맞이한다.

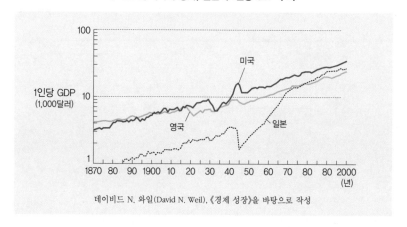

[그림3-3] 미국과 영국, 일본의 1인당 GDP 추이

데이비드 N. 와일(David N. Weil), 《경제 성장》을 바탕으로 작성

[그림3-3]을 보면 알 수 있듯이 일본의 1인당 GDP는 1945년경에 크게 하락했다. 이것은 많은 자본, 즉 생산 시설이 공습으로 파괴되었기 때문이다. 그러나 그 뒤로 자본을 늘려 나감으로써 급속히 1인당 GDP가 상승했는데, 1970년대에 영국과 어깨를 나란히 할 정도가 되자 순식간에 경제 성장의 기세가 둔화되었다. 생산 기술이 극적으로 변화하지 않는 한은 중국과 인도도 언젠가 1970년대 이후의 일본처럼 경제 성장률이 서서히 저하된 끝에 2퍼센트 전후에서 정착하게 될 것이다.

일본 경제는 최근 20년 사이 평균 1퍼센트 정도밖에 성장하지 못했는데, 이는 다른 선진국에 비해서도 낮은 수치다. 이와 같은 저성장의 주된 요인은 '경제의 성숙'이 아니라 '잃어버린 20년'으로 불리는 장기 불황에 있다. [그림3-4]를 보기 바란다. 1990년대에 버블이 붕괴된 지 얼마 되지 않아 장기 불황이 시작되었고, 그와 동시에 경제

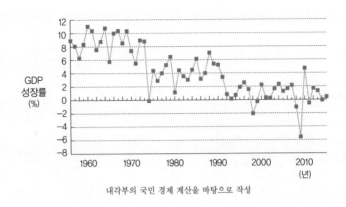

[그림3-4] **일본의 실질 GDP 성장률 추이**

내각부의 국민 경제 계산을 바탕으로 작성

성장률도 저하되었다. 다만 저출산·고령화는 지금도 경제 성장률의 저하에 관여하고 있으며 앞으로 더욱 심각해질 것이다. 따라서 장기 불황으로부터 벗어나는 데 성공한다 해도 언젠가는 제로 성장을 피할 수 없다는 것이 일반적인 예측이다.

그런데 만약 '기술 진보율'을 상승시킬 수 있다면 저출산·고령화가 이대로 진행된다 하더라도 경제 성장률을 높일 수 있다. '기술 진보율'은 생산의 효율성이 상승하는 정도를 나타낸다. 가령 한 명이 자동차 두 대를 만들 수 있었는데 세 대를 만들 수 있게 된다면 생산의 효율성은 1.5배 상승하게 되며 기술 진보율은 50퍼센트가 된다. 다만 이것은 현실적이지 못한 예시로, 기술 진보율은 보통 연간 1퍼센트 정도에 불과하다.

기술 진보는 생산의 효율성을 높이는 새로운 아이디어가 탄생해 사회에 도입되는 것, 즉 이노베이션을 통해 이루어지는데, 이노베이션이 고갈되고 있어 앞으로는 경제 성장이 어려울 것이라는 견해도 있다. 미국의 경제학자인 타일러 코웬Tyler Cowen은 그의 저서인 《거대한 침체》에서 사람들의 물질적인 생활은 1950년대 이후 거의 변화하지 않았다, 자동차도 냉장고도 세탁기도 이미 존재하던 것이며 없었던 것이라고는 인터넷 정도라고 말했다. 물론 이것은 미국의 이야기이지만, 일본에서도 고도 경제 성장기가 끝난 1970년대부터는 일상생활에서 사용되는 가전제품이 거의 달라지지 않았다는 이야기를 종종 들을 수 있다.

역사를 되돌아보면 근대 이후의 지금까지 수없이 많은 이노베이션이 발생해 왔다. 그러나 지금은 발명이나 발견의 소재가 다 떨어져 이노베이션이 고갈되고 있으며, 미국 경제는 거대한 침체에 빠져 있다. 이것이 코웬의 주장이다. 코웬은 "쉽게 딸 수 있는 과실은 전부 먹어 치웠다."라는 말로 이노베이션의 고갈 등으로 인한 경제 성장의 침체 상황을 표현했다.

반反성장론의 대부분은 근거가 빈약한 주장이지만, '점점 이노베이션이 탄생하기 어려워지고 있어 기술 진보율과 경제 성장률이 제로에 가까워질' 가능성을 단칼에 부정하기는 어렵다. 요컨대 언젠가는 인류가 이노베이션의 과실을 전부 먹어 치워 경제 성장이 멈출지도 모른다. 그러나 반대로 어떤 요인을 통해 이노베이션이 활발해져 경제 성장률이 높아질 가능성도 있다.

범용 목적 기술이 산업 혁명에 끼칠 영향

앞으로 이노베이션은 고갈될 것인가, 아니면 활발해질 것인가? 이 문제를 논할 때 열쇠가 되는 개념은 '범용 목적 기술General Purpose Technology, GPT 19'일 것이다. GPT는 보완적인 발명을 연쇄적으로 만들어 내는 동시에 온갖 산업에 영향을 끼치는 기술로, 증기 기관이 그 대표적인 예다. 증기 기관이 발명되자 증기 펌프와 증기 기관차, 증기선 같은 보완적 발명이 연쇄적으로 탄생했다. 또 증기 기관은 기존의 인력이나 수력 등을 대신해 공장에서 생산 활동을 할 때의 동력원이 되었다. 가령 1785년에 에드먼드 카트라이트Edmund Cartwright가 발명한 '역직기力織機'는 증기 기관을 동력으로 삼은 직기인데, 이 역직기가 기존의 수직기手織機를 대체했다.

지금까지 산업 혁명은 세 차례 일어났는데, 이를 주도한 것은 모두 GPT였다. 증기 기관이라는 GPT는 제1차 산업 혁명을 주도했다. 1760년부터 1830년에 영국에서 최초로 발생한 이 혁명의 가장 중요한 점은 기계를 사용해 재화를 생산하고, 기계 동력으로 증기 기관을 사용함으로써 생산성이 극적으로 상승했다는 것이다. 조금 더 자세히 이야기하면, 거시 경제 전체를 봤을 때 산업 혁명 기간이 다른 기간에 비해 생산성의 상승률이 높은 것은 아니었다.

[그림3-5]와 같이 19세기에 생산성 상승률이 정점을 찍은 시기는 오히려 산업 혁명이 끝난 뒤인 1830년부터 1870년이었다. 게다가 정

점을 찍은 시기라 해도 연간 상승률은 현재와 비교하면 낮은 수준인 0.8퍼센트 정도에 불과했다. 따라서 제1차 산업 혁명은 생산성이 끊임없이 상승하고 경제가 지속적으로 성장하는 시대를 연 여명기였다고 생각해야 한다. 이 혁명을 통해 인류는 비로소 시간이 지날수록 생활이 향상되는 경제 구조를 손에 넣은 것이다. 다만 생산성 상승률이 계속 높아지기만 했던 것은 아니다. [그림3-5]를 보면 19세기의 생산성 상승률은 상승하다가 후반기에 하락했다. 어떤 요인이 이런 변화를 만들어냈을까? 그 의문에 대답하기 위해 먼저 이노베이션에 관한 두 가지 상반된 효과인 '거인의 어깨 효과'와 '고갈 효과'를 설명토록 하겠다.

'거인의 어깨 효과'는 이미 존재하는 기술의 축적Archive을 참조함으

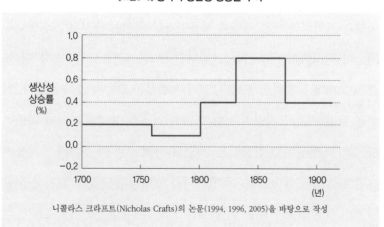

[그림3-5] **영국의 생산성 상승률 추이**

니콜라스 크라프트(Nicholas Crafts)의 논문(1994, 1996, 2005)을 바탕으로 작성

로써 새로운 기술의 발견이 용이해지는 효과다. 이것은 뉴턴^{Isaac Newton}을 통해 유명해진 "만약 내가 다른 사람보다 더 멀리 볼 수 있었다면 그것은 내가 거인의 어깨에 올라선 덕분이다."라는 말에서 유래했다. "거인의 어깨에 올라섰다."는 표현은 위대한 선인들이 축적한 지식을 참조했음을 의미한다. 그렇게 하면 혼자서 하나부터 열까지 전부 생각할 때보다 발견이 쉬워진다. 구글 학술 검색^{Google Scholar}이라는 학술 논문용 검색 사이트에는 "거인의 어깨에 올라서서 더 넓은 세상을 바라보라―아이작 뉴턴"라고 적혀 있는데, 이것은 바로 과거의 학술 논문을 참조하는 행위를 의미한다.

한편 '고갈 효과'는 간단한 발견은 금방 할 수 있으므로 이노베이션이 진행됨에 따라 간단한 발견은 전부 누군가가 해 버린 결과, 새로운 아이디어를 발견하기가 어려워짐을 의미한다. 이것은 연못에서 계속 고기를 잡다 보면 점점 고기가 잘 잡히지 않게 되는 것과 비슷하다.

만약 거인의 어깨 효과만이 작용한다면 기술이 축적될수록 새로운 기술이 탄생하기 쉬워진다. 그렇다면 우리는 풍요로워질수록 더 빠른 속도로 풍요로워지게 된다. 그러나 현실은 그렇지 않아 보인다. 이것은 고갈 효과가 거인의 어깨 효과의 작용을 상쇄해 버리기 때문이다. GPT가 등장하면 한동안은 '거인의 어깨 효과'가 우세하게 작용해 보완적 발명이 계속된다. 그러나 그런 발명거리는 결국 떨어질 수밖에 없으며, 이노베이션은 고갈된다.

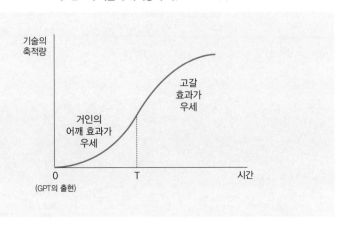

[그림3-6] **기술의 축적량 추이(로지스틱 곡선)**

따라서 [그림3-6]과 같은 그래프를 그릴 수 있다. 시점 0에서 GPT
가 나타난 뒤, 처음에는 '거인의 어깨 효과'가 우세하게 작용해 기술
의 축적이 가속된다. 그러나 어느 시점([그림3-6]의 T 점)을 넘기면 '고
갈 효과'가 우세하게 작용해 기술의 축적 속도가 줄어든다. 그리고
다음 GPT가 출현할 때까지 경제는 계속 정체된다. 이렇게 S자를 길
게 잡아당긴 곡선을 '로지스틱 곡선'이라고 부른다.

거시 경제 전체의 생산성은 기술의 축적량에 비례해 높아진다는
것이 일반적인 생각이다. 그렇다면 [그림3-6]에 대응하는 생산성 상
승률(생산성이 높아지는 비율)의 그래프는 [그림3-7]처럼 그릴 수 있
다. [그림3-7]의 그래프는 [그림3-5]와 마찬가지로 하나의 산을 형
성한다. 따라서 [그림3-5]의 그래프는 증기 기관의 보완적 발명품
으로서 증기 펌프, 증기 기관차, 증기선, 역직기 등이 차례차례 세상

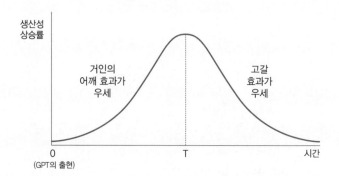

[그림3-7] **생산성 상승률의 추이**

생산성
상승률

거인의
어깨 효과가
우세

고갈
효과가
우세

0
(GPT의 출현)

T

시간

에 등장함에 따라 생산성 상승률이 높아지다가 이윽고 발명거리가
떨어져 생산성의 상승률이 하락한 결과 산 모양이 되었다고 해석할
수 있다.

제2차 산업 혁명의 끝과 포스트모던

증기 기관이 제1차 산업 혁명을 견인했듯이, 제2차 산업 혁명을 견인한 것은 내연 기관과 전기 모터 등의 GPT였다. 내연 기관은 자동차나 비행기 등에서 사용되는 엔진을 가리킨다. 우리 주변의 가전제품을 보면 한눈에 알 수 있지만, 현재 우리의 소비 생활은 대부분 제2차 산업 혁명이 열어젖힌 지평의 연장선상에 있다. 그리고 이것은 내연 기관과 전기 모터 같은 GPT의 영향력이 얼마나 큰지를 잘 보여준다. 가령 자동차나 비행기는 내연 기관의, 세탁기나 청소기는 전기 모터의 보완적 발명품이다.

일반적으로 제2차 산업 혁명 자체는 1870년부터 1914년 사이에 일어났다고 알려져 있다. 그 혁명의 진원지는 영국이 아니라 미국과 독일이다. 특히 선진적이었던 미국의 생산성 상승률 추이를 살펴보자. [그림 3-8]을 보면 알 수 있듯이, 이 그래프 또한 1930년부터 1950년까지를 정점으로 하나의 산을 형성한다. 제2차 산업 혁명은 1870~1914년이라는 기간에 머물지 않고 1세기에 가까운 긴 시간 동안 경제에 영향을 끼쳐 왔다고 할 수 있다.

'기술의 확산'에는 긴 시간이 걸린다. 가전제품의 대부분은 19세기에 이미 발명되었지만 그것이 완전히 확산된 시기는 미국의 경우 1960년대, 일본의 경우 1970년대다. 다른 선진국도 약간의 오차는 있지만 대체로 같은 시기다. 그리고 이 시기가 되어서야 비로소 제2차 산업 혁명의 영향력이 약해지고 생산성 상승률과 경제 성장률도 함께 저하했다. 내연 기관이나 전기 모터를 보완하는 이노베이션은 이미 고갈되었지만 그 영향력이 사라지기까지는 긴 시간이 걸린 것이

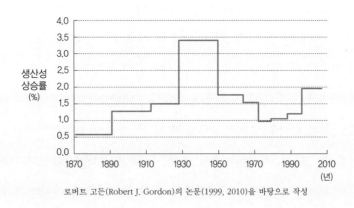

[그림3-8] **미국의 생산성 상승률 추이**

로버트 고든(Robert J. Gordon)의 논문(1999, 2010)을 바탕으로 작성

다. 1970년대에 발생한 세계적인 경제 정체의 요인으로 석유 파동 이외에 이런 이노베이션의 고갈, 즉 코웬의 말처럼 '과실을 전부 먹어치운' 것을 생각할 수 있다. 1970년대 이후 '성장의 한계[20]', '근대의 종언', '포스트모던' 같은 주제가 활발하게 거론되기 시작한 배경에는 이와 같은 이노베이션의 고갈과 경제 정체가 있다. 코웬이 '거대한 침체'라고 부른 시대의 시작이다.

'포스트모던'은 모던(근대) 이후라는 뜻이다. 원래는 건축 용어이지만, 일반적으로는 근대에 볼 수 있는 급격한 변화나 발전이 끝난 뒤의 시대라는 의미로 사용된다. 이 용어가 그런 의미로 퍼진 것은 프랑스의 철학자 리오타르Jean-François Lyotard가 《포스트모던적 조건》이라는 책을 쓴 뒤다. 리오타르는 포스트모던을 '거대한 이야기(대서사)'를 잃어버린 시대로 규정했다. '거대한 이야기'란 자유나 평등, 전쟁의 승리, 풍요로움, 혁명 같은 사회 전체가 공유한 목표와 그것을 지탱하는 세계관을 의미한다. 따라서 자유나 평등이 어느 정도 실현된 평화로운 민주주의 국가에서 생활수준이 일정 수준에 이르면 근대는 자연스럽게 종언을 맞이하고 거대한 이야기를 잃은 포스트모던이라는 시대가 찾아오게 된다. 그 시대란 유럽, 미국, 일본 등 주요국의 경우 대략 1960년대 또는 1970년대 이후로 간주된다.[21] 이 시기는 가전제품이 넘쳐날 만큼 보급되어 풍요가 실현되고, 경제가 과연 이 이상 발전할 수 있을지 의심되기 시작한 시대다. 따라서 포스트모던은 모든 과실을 따서 먹어치운 것처럼 보이는 시대라고도 할 수 있다.

[그림3-8]을 보면 알 수 있듯이, 미국의 생산성 상승률은 1950년 대부터 서서히 저하되어 1990년에는 1퍼센트 정도까지 떨어졌다. 제 2차 산업 혁명도 처음에는 거인의 어깨 효과가 우세했기에 생산성 상승률이 높아졌지만 이윽고 고갈 효과가 우세해짐에 따라 생산성 상승률이 낮아진 것이다.

제3차 산업 혁명과
정보 기술

포스트모던이 모든 과실을 따서 먹어치웠기에 정체된 듯이 보일지라도 실상 그것은 다음 계단으로 이어지는 층계참 같은 시대에 불과할지도 모른다. 1960년대와 1970년대에 주요 선진국에서 물질적인 풍요가 실현된 것은 분명하지만, 이노베이션의 고갈에 따른 정체는 일시적인 현상에 머물렀다고 생각된다. 1970년대에는 분명히 제2차 산업 혁명의 영향력이 사라지고 있었지만 그 이면에서는 다음 혁명이 준비되고 있었기 때문이다. 그것은 새로운 GPT인 컴퓨터와 인터넷이 일으킨 '제3차 산업 혁명=정보 혁명'이다. [그림3-8]에서 볼 수 있듯이 미국의 생산성 상승률은 1990년대부터 다시 높아졌는데, 그 원인은 이 제3차 산업 혁명으로 생각된다.

컴퓨터 자체는 1940년대에 발명되었지만, 앞에서도 말했듯이 확산에는 긴 시간이 걸린다. GPT는 거듭된 개량을 통해 실용화가 진행되어 충분히 확산되기 전까지 사회적인 영향력을 지니지 못한다. 그 영향력이 '산업 혁명'이라면 제3차 산업 혁명의 시작은 1940년대가 아니라 컴퓨터가 미국의 생산성 상승률을 눈에 띄게 높이기 시작한 1990년대로 봐야 타당할 것이다.

특히 1995년은 가정에 널리 보급된 최초의 개인용 컴퓨터 운영 체제(OS)인 윈도우95(Windows 95)가 발매된 상징적인 해다. 이 운영 체제의 보급과 함께 인터넷이 보급되었기 때문에 일반적으로 1995년을 '인터넷 원년'이라고 부른다. 이 책에서는 이 상징적인 해를 제3차 산업 혁명의 기점으로 놓겠다. 이 혁명에 관해서 말하면, 아직 1995년으로부터 20년 정도밖에 지나지 않았으므로 아마도 우리는 [그림3-6]의 T점 이전에 있으며 정보 기술의 축적은 앞으로 가속될 것으로 생각된다. 요컨대 이노베이션은 아직 고갈되지 않았으며 재활성화되고 있는 것이다.

다만 일본은 최근 20년 동안 '잃어버린 20년'이라는 긴 불황의 시대를 보냈으며, 새로운 기술의 연구 개발·도입과 관련된 고용이나 예산이 증가하지 않아 경제 성장이라는 형태로 이노베이션의 과실을 맛보지 못했다. 그런 탓에 오히려 일본에서는 정보 기술의 발달과 관련짓는 형태로 포스트모던론이 활발히 제기되었다.[22]

서비스업에 도입되고 있는 정보 기술 ⚗

앞에서 이야기했듯이, 많은 선진국에서는 1960년대와 1970년대에 가전제품 등의 공업 제품이 넘쳐날 만큼 보급됨에 따라 공업화의 시대가 막을 내렸다. 즉 모든 산업에서 공업이 차지하는 비율이 감소세로 돌아서고 그 대신 서비스업(소매, 금융·보험업 등)의 비율이 증가했다. 지금은 일본의 GDP에서 서비스업이 차지하는 비율이 약 70퍼센트에 이른다. 아직도 일본을 공업 입국이라고 생각하는 사람이 있을지 모르지만, 최소한 비율의 측면에서는 서비스업 중심의 경제로 전환되었다.

공업 분야에서는 일찍부터 로봇 등의 기계를 도입함으로써 자동화가 진행되어 왔지만, 상품의 판매나 머리손질은 인간이 하는 수밖에 없었다. 서비스업은 '노동 집약형 산업'인 까닭에 생산성이 거의 상승하지 않는 분야였던 것이다. '노동 집약형 산업'이라는 것은 인간의 노동력에 의존한 산업이라는 의미다. 1927년 당시 미국에서 리바이스 청바지의 가격은 여성의 헤어컷 요금의 약 13배였다. 그런데 1997년에는 그 격차가 3배로 줄어들었다.[23] 노동 집약형 산업의 상대적 가격이 상승하는 이런 현상을 미국의 경제학자인 윌리엄 보멀 William Baumol의 이름을 따서 '보멀의 비용 질병 Cost Disease'이라고 부른다.

청바지의 상대적 가격이 하락하는 이유는 생산의 기계화가 가능한 까닭에 기계가 진보함에 따라 얼마든지 생산을 효율화할 수 있기 때문이다. 생산이 효율화될수록 사람을 적게 써도 되므로 가격을 내릴 수 있게 된다. 한편 헤어컷의 경우 현 시점에서는 사람이 하는 수밖에 없기 때문에 생산의 효율화가 불가능하다. 커트 한 번에 1시간 정도가 걸리는 것은 100년 전이나 지금이나 거의 차이가 없는 것이다. 이 경우 커트 요금이 한 명의 시급 이하로 내려가는 일은 있을 수 없다.

공업은 기술 진보가 빠르고 서비스업은 기술 진보가 느리다고 할 수 있다. 그런 까닭에 공업이 고용에서 차지하는 비율은 감소하고 서비스업이 차지하는 비율은 늘어났다. 그 반대가 아님에 주의하기 바란다. '기술의 진보는 경제 성장을 촉진하고 고용을 늘린다.'라고 생각하는 사람이 적지 않다. 그러나 기술의 진보는 일반적으로 경제 성장을 촉진하는 반면에 노동을 절약해 고용을 줄이는 효과가 있다. 어떤 부문의 기술 진보가 고용을 감소시키지 않는다면 그것은 수요가 증가할 때뿐이다. 냉장고나 청소기 등의 공업 제품이 넘쳐날 만큼 보급되어 수요가 포화 상태에 이르면 공업의 기술 진보는 고용을 감소시킨다.

1970년 이후 공업은 상대적으로 축소되었지만, 다행히 서비스업의 노동 수요가 증가해서 잉여 인원이 서비스업으로 노동 이동을 한 덕분에 기술적 실업이 현저히 증가하는 사태는 피할 수 있었다. 다만 노동 집약형 산업인 서비스업은 생산성 상승률이 낮기 때문에 서비스업의 점유율이 증가한다는 것은 거시 경제 전체의 생산성 상승률이 낮아짐을 의미한다. 따라서 현대의 일본처럼 서비스업의 비중이 큰 나라에서 거시 경제 전체의 생산성 상승률을 높이려고 하면 서비스업의 생산성 상승률을 향상시킬 필요가 있다.

증기 기관이나 전기 모터는 운송업을 제외한 서비스업의 생산성 향상에 그다지 공헌하지 못했다. 그러나 제3차 산업 혁명기의 GPT인 컴퓨터와 인터넷에서 파생된 기술, 즉 '정보 통신 기술ICT'(이하 '정보 기술')은 서비스업 전반의 생산성을 향상시킬 가능성이 있다. 가까운 예로 우리는 여행을 계획할 때 여행사를 찾아가는 대신 인터넷의 여행 서비스를 이용하게 되었다. 또한 공항에서 탑승 수속을 할 때 창구에 가지 않고 무인 탑승 수속 기기를 이용해 직접 탑승 수속을 하게 되었다. 이와 같이 컴퓨터화Computerization를 통해 서비스의 공급에 필요한 인원을 줄여 생산성을 향상시킬 수 있다. 그렇게 되면 이번에는 같은 서비스업 내에서 노동 이동이 이루어져야 한다.

가령 무인 탑승 수속 기기의 도입으로 불필요해진 인원은 공항에 새로 설치된 수면실이나 샤워실의 접수처를 담당하게 될지도 모른다. 만약 그런 새로운 일거리가 할당되지 않는다면 잉여 인원은 해고될 가능성이 있다. 이와 같이 기술의 진보는 항상 기술적 실업을 초래할 위험성을 내포하고 있다. 그러나 그와 동시에 기술 진보는 실제로 실업을 낳든 그렇지 않든 생산성을 향상시켜 경제를 성장시킨다.

어쨌든, 우리가 경제 성장을 바란다면 정보 기술을 발달시켜야 한다. 그런데 현재는 컴퓨터와 인터넷은 물론이고 스마트폰까지 충분히 보급된 상황이며, 그런 매체를 이용한 서비스도 이미 나올 만큼 나온 것이 아니냐는 의문도 생길 수 있다. 만약 제3차 산업 혁명이 이미 [그림3-6]의 T 점을 지나 고갈 효과가 지배하는 영역에 들어섰다면 정보 기술은 앞으로 그다지 발전하지 않을 것이며 경제 성장률은 오히려 저하될 것이다.

그러나 앞 장에서 살펴봤듯이 정보 기술 중에서도 특히 AI가 최근 수년 사이 기술적인 돌파구를 찾아내 앞으로 커다란 발전을 이룩하려 하고 있다. 그런 까닭에 지금 우리는 아직 [그림3-6]의 T 점 보다 왼쪽, 즉 '거인의 어깨' 효과가 지배하는 영역에 있다고 말할 수 있다. 단순히 시간적으로 1995년으로부터 20년밖에 지나지 않았기 때문이 아닌 것이다.

기술의 확산 ⵌ

여기에서 주의할 점이 한 가지 있는데, AI의 기술 진보가 경제 성장을 가져오더라도 AI 산업의 규모가 확대되는 만큼 GDP가 증가하는 것은 아니다. 경제 성장이라는 측면을 생각할 때 AI 산업의 규모는 어떤 의미에서 아무래도 상관없다. 비단 AI뿐만 아니라 새로운 생산 기술은 그것을 탄생시킨 주체가 기업이든 대학의 연구실이든 그곳으로부터 세상 전체로 확산되어 많은 기업의 생산 활동에 도움을 준다.[24]

그러면 이런 기업의 생산 활동이 효율화되어 더 많은 상품을 만들 수 있게 된다. 그 결과 GDP가 증가하는 것이다. 극단적으로 말하면 대학의 연구실이 유용한 AI 기술을 전부 만들어내고 그것을 기업에 무료로 제공한 까닭에 AI 산업의 규모가 제로라 하더라도 GDP는 증가한다. 물론 실제로는 기업에서도 많은 기술이 탄생하고 있지만……

따라서 정부는 AI를 산업으로 키우려 하기보다 그 연구 개발을 촉진하는 데 역점을 둬야 한다. 전자는 '산업 정책', 후자는 '이노베이션 정책'이라고 부를 수 있다. 경제학자 중에서도 양자를 구별하지 않는 사람이 종종 있는데, 이 둘은 그 효과가 전혀 다르다. 경제학자들은 종종 정부가 산업 정책을 실시하는 것이 무의미하다고 지적한다. AI가 돈이 된다면 민간 기업이 알아서 투자할 터이므로 정부가 나설 필요가 없다는 것이다. 그러나 AI 같은 기술은 경제 전체로 확산되어 AI 자체가 돈이 되느냐 안 되느냐에 상관없이 경제 전체의 효율성을 높인다.

정부가 연구 개발을 지원하지 않고 민간에 맡기기만 한다면 이노베이션은 최소한으로밖에 일어나지 않을 것이다. 이것은 가로등의 설치를 민간에 전적으로 맡겨서는 충분히 설치될 리가 없기 때문에 정부가 설치해야 하는 것과 같다.[25] 구글이나 마이크로소프트 같은 IT 계열의 거대 기업이 존재하지 않는 일본에서는 더더욱 그렇다.

그러므로 정부는 AI 산업의 육성이 아니라 새로운 AI 기술을 만들어내는 연구 개발의 촉진에 힘을 쏟아야 한다. 실제로 정부의 각 부처는 그런 움직임을 보이고 있다. 경제산업성의 산업 종합 연구소는 2015년 5월에 '인공 지능 연구 센터'를 오다이바에 설립했다. 문부과학성은 이화학 연구소를 거점으로 새로운 거대 AI 연구 프로젝트를 시작하려 하고 있다. 다만 정부 기관이 주도적으로 연구 프로젝트를 추진해야 하느냐 아니면 대학 등의 연구자에게 연구비를 지급하는 측면 지원만을 실시해야 하느냐 같은 문제에 관해서는 논의의 여지가 있다.

AI는 고용을 빼앗는가?

이미 이야기했듯이 기술 진보는 항상 기술적 실업을 낳을 위험성을 내포하고 있지만, 그렇기 때문에 경제를 성장시킨다. 따라서 정부가 경제 성장의 촉진을 위해 이노베이션 정책을 실시할 경우는 그런 위험성도 고려해야 한다. 최근 들어 AI가 고용을 빼앗을 것이냐 아니냐에 대한 논란이 커지고 있는데, AI 또한 지금까지의 기술과 마찬가지로 고용을 빼앗을 가능성이 있다.

"AI가 인간과 대체적 관계가 아닌 보완적 관계라면 기술적 실업을 낳지는 않지 않을까?"라는 주장을 종종 볼 수 있다. 대체적 관계는 버터와 마가린처럼 서로를 대신할 수 있는 관계를 의미하며, 보완적 관계는 버터와 빵처럼 서로의 부족한 부분을 보충해 주는 관계를 말한다. 이 점에 관해서는 국소적으로는 보완적 관계이지만 전체적으로 보면 대체적 관계일 경우가 많기 때문에 주의가 필요하다. 예컨대 컴퓨터 그래픽을 생각하면, 그래픽 소프트웨어는 그래픽 디자이너와 보완적 관계에 있지만 손으로 그리는 디자이너와는 대체적인 관계에 있다. 따라서 그래픽 소프트웨어는 손으로 그리는 디자이너를 몰아낼 가능성이 있다. 어떤 산업에서 컴퓨터화와 고용의 증대가 동시에 일어나고 있어서 정보 기술과 노동자가 빵과 버터처럼 보완적 관계인 듯이 보이더라도 경제 전체에서는 버터와 마가린처럼 대체적일 때가 많은 것이다.

《기계와의 경쟁》에서 브린욜프슨과 맥아피는 많은 사람이 창업을 지망하게 되면 새로운 고용이 창출되어 AI의 보급에 따른 노동 문제가 개선될 것이라고 주장했다. 그러나 이와 같은 이유 때문에 정말 그들의 주장처럼 될지는 의문스러운 측면이 있다. 새로 설립되는 기업이 정보 기술 관련이라면 오히려 그래픽 소프트웨어의 사례처럼 노동 문제를 악화시킬 가능성이 더 높지 않을까 싶다.

다만 컴퓨터 그래픽이 손으로 그리는 디자이너를 전부 몰아내지는 않는다. 즉, 이 세상의 수많은 기술·기계와 노동자는 완전히 대체적이 아니라 적당히 대체적인 관계다. 따라서 새로운 기술은 대부분의 경우 어떤 업종을 뿌리째 소멸시키기보다 고용을 일정 수준 감소시키는 효과를 보인다. 특화형 AI도 마찬가지라고 할 수 있다. 가령 AI를 탑재한 자율 주행 자동차가 보급되더라도 기사와 대화하기를 좋

아해서 사람이 운전하는 택시를 타고 싶어 하는 승객의 수요가 완전
히 사라지지는 않을 것이다. 그러나 택시 운전기사의 수요가 큰 폭으
로 감소하는 상황은 피할 수 없다.

AI가 초래하는 기술적 실업은
일시적일까, 장기적일까? ┿

다음으로 논의해야 할 것은 AI가 초래하는 기술적 실업이 장기적,
전체적인 문제가 될 것이냐 아니냐는 점이다. 1장에서 이야기했듯이,
지금까지 기술적 실업은 일시적, 국소적인 문제에 불과했다.

과거의 역사에서 얻은 견지를 미래에도 그대로 적용할 수 있다고
생각하는 것은 위험하다. 과거의 전제와 미래의 전제가 다르면 귀결
또한 달라진다. 다만 AI가 전부 특화형이라면 기술적 실업은 지금까
지와 마찬가지로 일시적, 국소적인 문제에 머물 수 있을 것이다. AI를
탑재한 자율 주행 자동차나 드론이 보급되어 택시 운전기사나 택배
배송 기사가 일자리를 잃더라도 인간에게 우위성이 있는 다른 직업
으로 이동하면 되기 때문이다. 그 일은 돌보미일지도 모르고 마사지
사일지도 모른다. 범용 AI가 출현해 대부분의 일자리를 빼앗아 간다
면 이야기는 달라지겠지만, 이 사회에 평균적인 기술을 가진 노동자
가 종사할 수 있는 일자리가 남아 있는 한은 그 남은 일자리로 이동

함으로써 실업을 해소할 수 있다.

다만 보람이 적고 임금도 낮은 일자리로 이동해야 할 가능성도 있으므로 노동 이동이 실업을 해결했다고 해도 문제가 없는 것은 아니다. 또 일시적이라 해도 실업은 그 개인에게 막대한 고통을 주며, 노동 이동을 위해 긴 시간이 필요하다면 고통은 그만큼 더 길어진다. 일반적으로 경제학에서는 기술적 실업을 '마찰적 실업'으로 간주한다. '마찰적 실업'은 일자리를 잃고 나서 새로운 일자리를 얻기까지 시간이 걸리기 때문에 일어나는 실업으로, 요컨대 노동 이동을 할 때 발생하는 실업이다.

AI 기술의 진보 속도가 빠르면 그만큼 해고가 증가해 설령 일시적이라 해도 많은 사람이 마찰적 실업 상태에 놓이는 사태를 피할 수 없다. 이런 마찰적 실업의 증가는 커다란 문제이지만, 이것이 실업의 전부는 아니다. 기술적 실업을 단순한 '마찰적 실업'이 아니라 '수요 부족에 따른 실업'으로도 규정해야 한다는 것이 일반적인 경제학의 견해와는 다른 나의 지론이다.[26]

'수요 부족에 따른 실업'은 소비 수요나 투자 수요가 부족한 까닭에 '노동 수요'가 '노동 공급'보다 부족해서 발생하는 실업이다. '노동 수요'는 일자리의 수이고, '노동 공급'은 일하고 싶어 하는 사람의 수이다. 일하고 싶어 하는 사람에 비해 일자리의 수가 적은 상태라면 대체로 수요 부족에 따른 실업이 발생했다고 말할 수 있다. 이렇게 해서 발생하는 실업은 마찰적 실업과는 다르다. 마찰적 실업은 노동

공급과 노동 수요가 같을 때도 발생한다. 구직과 구인이 동수라 해도 노동자와 기업이 만나는 데 시간이 걸리면 실업이 발생한다.

이것을 연애에 비유해서 설명하면 이렇다. 이성을 좋아하는 남녀가 각각 같은 명수가 있더라도 서로 만나지 않는다면 모든 사람이 짝이 되는 일은 없다. 이것은 마찰적 실업에 해당한다. 한편 애초에 남성이 여성보다 많다면 불가피하게 애인을 구하지 못하는 남성이 발생한다. 이것은 '수요 부족에 따른 실업'과 비슷하다.

그렇다면 왜 기술적 실업을 수요 부족에 따른 실업으로도 규정해야 할까? 노동 이동을 하려면 이동할 곳에 일자리가 존재해야 하며, 이를 위해서는 충분히 수요가 증가해야 하기 때문이다. 기술 진보는 산업 활동의 효율성을 높여 공급력을 증대시킨다.

가령 과거에 세 명이 자동차 한 대를 만들다가 새로운 기계를 도입해서 두 명이 자동차 한 대를 만들 수 있게 되었다면 효율성은 1.5배가 된다. 세 명이 자동차 1.5대를 생산할 수 있게 되었다고도 할 수 있다. 이때 자동차의 수요가 1.5배가 되면 실업은 발생하지 않는다. 그러나 자동차의 수요가 증가하지 않는다면 세 명 중 한 명은 일자리를 잃는다. 이 경우도 일자리를 잃은 한 사람이 다른 일자리, 가령 마사지사가 될 수 있다면 실업은 해소된다. 그러나 마사지에 대한 수요가 증가하지 않았다면 실업자를 흡수할 수 없다. 이것이 바로 '수요 부족에 따른 실업'으로서의 기술적 실업이다. 따라서 거시 경제 전체에서 기술 진보에 맞춰 수요가 증가하지 않는다면 실업은 해소되지 않는다. 공급력의 증대에 걸맞은 수요 증가가 발생해야 하는 것이다. 만약 수요 부족이 방치된다면 기술적 실업은 장기화될 수도 있다.

이상의 이야기를 간단히 정리하면 다음과 같다. 기술적 실업에는,

- 마찰적 실업: 노동 이동에 시간이 걸리기 때문에 발생
- 수요 부족에 따른 실업: 노동 이동을 할 곳이 없기 때문에 발생

이라는 두 종류가 존재한다. 특화형 AI도 지금까지의 기술과 마찬가지로 이런 두 종류의 기술적 실업을 초래한다. 요컨대 특화형 AI가 고용에 끼치는 영향력은 양적인 측면에서는 방적기나 직기 같은 과거의 기술을 능가할 가능성이 있지만 질적으로는 변함이 없다. 따라서 거시 경제 정책이 적절하게 실시되어 노동 이동이 빠르게 이루어진다면 실업이 무한적 증가하는 사태에는 이르지 않는다.

실제로 《기계와의 경쟁》에서 리먼 사태 이후 정보 기술에 따른 고용 파괴가 진행되었다고 지적한 미국의 경우도 실업률은 정점을 찍었던 2009년 10월의 10퍼센트에서 5퍼센트(2015년 12월 현재)까지 하락했다. 한마디로 말해 실업률의 장기 상승 경향은 보이지 않고 있다. 이것은 거시 경제 정책을 통해 실업을 감소시키는 데 성공한 결과로 해석할 수 있을 듯하다. 뒤집어 말하면 앞으로 AI의 기술 진보가 가속화되고 그럼에도 정부가 거시 경제 정책을 게을리 할 경우 수요 부족에 따른 실업이 증가해 장기화될 가능성이 있는 셈이다.[27]

어떤 거시 경제 정책이
필요할까?

앞으로 AI가 발달함에 따라 수요가 부족해지기 쉽기 때문에 거시 경제 정책의 중요성이 높아지리라는 것은 나의 독자적인 주장이며 이 책에서 강조하고 싶은 포인트 중 하나다.

거시 경제 정책에는 다리나 도로의 건설 같은 공공사업 등에 대한 정부 지출을 늘리는 정책인 '재정 정책'과 중앙은행이 시중(세상)에 나도는 돈의 양을 늘리는 '금융 정책'이 있다. 둘 다 수요를 증가시켜 경기를 좋게 만드는 효과가 있다고 생각되고 있다. 다만 나는 공공사업에 지출을 하는 재정 정책은 수요 부족에 따른 실업을 해결할 수단으로 타당하지 않다고 생각한다.[28] 다리나 도로는 필요에 따라서 건설해야 하며, 불필요한 다리나 도로를 건설해서는 안 되기 때문이다.

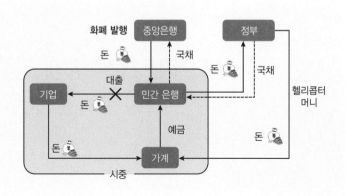

[그림3-9] **금융 정책의 구조**

게다가 건설업이 윤택해져 그 업계의 실업이 감소하고 일손 부족 현상조차 나타난다 하더라도 다른 모든 산업이 윤택해져 거시 경제 전체의 수요 부족이 해소된다는 보장은 없다. 일반적으로는 금융 정책이 좀 더 경제 전체를 윤택하게 만드는 효과가 있다.

케인스는 항아리에 지폐를 가득 채워서 땅 속 깊이 묻으면 민간 기업이 그것을 파내는 비즈니스를 시작할 터이므로 땅을 파는 요원의 고용이 증가해 실업이 줄어들 것이라고 말했다. 그러나 이런 쓸데없는 행동을 할 필요 없이 지폐를 시중에 뿌리기만 해도 경기가 좋아지고 실업이 감소한다. 즉, 기본적으로는 금융 정책으로 수요 부족에 따른 실업을 충분히 해소할 수 있다.

금융 정책에는 '금융 완화 정책'과 '금융 긴축 정책'이 있다. '금융 완화 정책'은 [그림3-9]와 같이 중앙은행이 민간 은행으로부터 국채를 사들이고 그 대가로 발행한 지폐=돈을 민간 은행에 공급하는 정책이다. 그리고 그 민간 은행이 기업에 돈을 빌려 줌으로써 돈이 시중에 나돌아 '통화량'이 증가한다. 금융 긴축 정책은 그 반대다. '통화량'은 시중에 나돌고 있는 돈의 총량을 가리킨다. 일반적으로는 중앙은행이 이런 방법을 통해 간접적으로 통화량을 조절할 수 있는 것으로 생각되고 있다. 중앙은행이 통화량을 늘려서 우리 '가계'의 수중에 있는 돈도 늘어났다고 가정하자. 그러면 우리는 좀 더 부자가 되었으므로 물건을 더 많이 사게 되어 수요가 증가한다.

이렇게 돈의 양을 늘려서 GDP를 증가시키는 방법을 편하게 돈을 버는 비도덕적인 행위로 간주하고 금융 완화 정책을 도리에 어긋난 비양심적인 소행이라고 비난하는 사람이 적지 않다. 그러나 금융 완화 정책은 '고통=문제'를 일시적으로 감추는 모르핀이 아니며, 힘들이지 않고 부를 만들어내는 연금술도 아니다.

'자산 효과'라는 경제학 용어가 있다. 이것은 일반적으로 주가나 토지 가격 등이 상승해 자산이 늘어남에 따라 소비가 증가하는 효과를 의미한다. 그러나 나는 이 말을 현금이나 예금 통화 등이 증가함에 따라 소비가 늘어나는 효과라는 의미로도 사용한다. 사람들이 가진 돈이 늘어나면 그 '자산 효과'로 소비 수요도 증가한다. 그러면 일자리를 잃었던 사람들이 노동에 종사하게 되므로 그만큼 실제로 생산량이 증가한다. 실제로 노동량이 증가하기 때문에 부가 증대되는 것이다. 거꾸로 말하면 실업이나 수요 부족이 존재하지 않을 때는 금융 완화 정책을 실시해도 인플레이션을 초래할 뿐 GDP를 증가시키는 효과를 얻지 못한다.

내 본업인 거시 경제학의 이론적 분석에 기초하면, 기계의 도입 등으로 생산성이 1.5배로 상승했을 경우 소비 수요도 1.5배로 증가하도록 돈의 양을 늘릴 필요가 있다. 안 그러면 수요와 (잠재)공급은 균형을 이루지 않는다. 그리고 AI나 로봇에 국한하지 않더라도 자본주의 경제에서는 끊임없이 기술 진보가 일어나고 그에 따라 지속적으로 생산성이 향상되고 있기 때문에 통화량도 끊임없이 늘려야 수요와 (잠재)공급의 균형을 유지할 수 있다. 또한 생산성이 높아지는 것과 같은 수준으로 통화량을 늘린다면 극도의 인플레이션이 발생하지도 않는다. 반대로 그렇게 통화량을 늘리지 않는다면 디플레이션에

[그림3-10] **통화량 증가율의 추이**

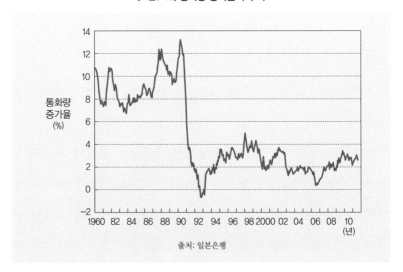

출처: 일본은행

빠지고 만다.

세상에 유통되는 돈을 늘리는 것을 무엇인가 특별한 조치로 생각하는 사람은 경제학자 중에도 있다. 그러나 돈이라는 것은 원래 끊임없이 늘려야 하는 존재다. [그림3-10]을 보면 알 수 있지만, 최근의 일본에서 통화량 증가율(돈이 늘어나는 비율)이 마이너스가 된 적은 버블 붕괴 직후를 제외하면 단 한 번도 없다. 버블 붕괴 이전인 1980년대에는 증가율이 7~13퍼센트 정도였는데, 버블 붕괴 이후는 2퍼센트 전후의 매우 낮은 증가율을 유지하고 있다. 그리고 이렇게 낮은 통화량 증가율이야말로 장기 디플레이션 불황의 근본적인 원인으로 생각된다.

제2차 세계 대전 이후의 관리 통화 제도(통화 당국, 즉 정부와 중앙은행이 자유재량으로 통화량을 결정하는 제도—옮긴이) 아래에서는 지폐나 예금 같은 신용 화폐를 사용했기 때문에 비교적 용이하게 돈의 양을 늘릴 수 있었다. 따라서 일본의 '잃어버린 20년' 같은 장기 디플레이션 불황은 아주 드문 현상이다. 그런데 금본위제(금의 가치가 통화의 가치를 보증하는 제도—옮긴이)의 시대나 금화 또는 은화 같은 금속 화폐가 주로 사용되었던 근대 이전에는 화폐 부족에 따른 장기적인 디플레이션 불황이 때때로 발생했다.

가령 청 시대의 중국에서는 4대 황제인 강희제康熙帝의 치세였던 17세기 후반의 약 40년 동안 해금 정책海禁政策(쇄국 정책 같은 것) 때문에 화폐로 사용되었던 은의 중국 국내 유입이 중단되어 '곡천穀賤'이라고 부르는 디플레이션과 불황이 계속되었다.[29] 그런데 17세기 말에 해금 정책이 풀려 은이 다시 중국에 유입되자 화폐 부족은 해소되었고, 화폐=은은 오히려 계속 증가해 장기간에 걸친 인플레이션과 생산의 증가, 나아가 인구 증가를 불러왔다. 중국이 수억 명이나 되는 인구를 보유하게 된 것은 바로 이 시기다.

인구 증가를 불러온 공급 측의 요인으로는 신대륙에서 유입된 고구마와 옥수수를 들 수 있다. 그러나 이것이 유입된 17세기의 100년 동안 인구는 오히려 감소했다. 청 시대 중국의 인구 폭발은 해금 정책이 풀린 17세기 말 이후에 시작되었다. 화폐=은의 증가가 수요를 끊임없이 자극함에 따라 경기를 장기적으로 안정시켜 인구가 증가하고, 인구 증가에 대응해 고구마와 옥수수를 재배함으로써 식량 증산을 꾀한 결과 인구가 더욱 증가한 것이다.

거의 모든 표준적인 경제학 교과서에서는 "화폐는 장기적으로 중립적이다."라고 설명한다. 이것은 돈의 양을 늘리든 줄이든 장기적으로는 생산량이나 고용량 등의 실물적인 수량에 아무런 영향을 끼치지 않는다는 의미다. 그러나 나는 이 설명이 이론적으로나 실증적으로나 잘못되었다고 생각한다. 이론적인 측면에 관한 설명은 생략하지만, 실증적인 측면은 앞에서 소개한 청 시대 중국의 예를 봐도 명확하다.

화폐의 대폭적인 증가는 장기적인 호황과 경제 성장을 가져오며, 인구 동태에도 영향을 끼친다. 물론 극도의 인플레이션을 일으킬 때도 있으므로 화폐가 증가하는 비율을 적절히 조절할 필요가 있지만.

금융 정책과
재정 정책

수요 부족을 해소하려면 수요를 창조하는 제품 혁신 product innovation(신상품을 만들어내는 이노베이션)이 필요하다는 의견을 종종 듣는다. 제품 혁신은 분명히 수요를 증가시킬 가능성이 있다. 그러나 이와 같은 이노베이션을 일으키는 주체는 민간 기업이며, 정부가 정책을 통해 수요 창조형 프로덕트 이노베이션만을 선별해서 지원하기는 어려울 것으로 생각된다. 프로덕트 이노베이션과 노동 절약적인 프로세스 이노베이션(생산 공정 혁신·생산 공정을 효율화하는 이노베이션)을 정확히 구별해내기는 어려운 일이다.

정부가 프로덕트 이노베이션뿐만 아니라 프로세스 이노베이션도 지원한다면 수요 측뿐만 아니라 공급 측도 자극해 버리기 때문에 수요 부족을 해결할 수 없다. 프로덕트 이노베이션을 방해할 필요는 없으며, 그런 이노베이션을 촉진하는 정책이 가능하다면 실시해야 한다. 그러나 정부가 프로덕트 이노베이션을 촉진한다고 해서 수요 부족을 해소할 수 있다는 보장은 없다. 프로덕트 이노베이션의 주체는 어디까지나 민간 기업이기 때문이다.

반면에 통화량을 늘리는 정책은 확실히 수요 부족을 해소할 수 있다. 이런 정책은 이제 효과를 기대하기 어렵다는 지적도 있다. 경제가 성숙되고 소비가 포화 상태이기 때문에 돈이 늘어나도 사람들은 상품의 구매를 늘리지 않는다는 것이다. 나는 이것을 부유층에만 통용되는 이론이라는 의미에서 '부자의 이론'이라고 부른다.

부유층의 소비는 현재 이미 포화 상태인지도 모른다. 그러나 빈곤층의 소비는 포화 상태가 아니며, 그들은 돈이 더 생기면 그만큼 소비를 늘린다. 소비가 포화 상태이기 때문에 금융 완화 정책의 효과를 기대할 수 없다고 외치는 경제학자들의 눈에는 그런 가난한 사람들이 보이지 않는 모양이다. 또한 그런 빈곤층을 가정하지 않더라도 내가 가르치는 학생들에게 일본은행이 발행한 돈을 1만 엔씩 나눠준다면 그들은 그 돈으로 술을 마시러 가거나 옷을 사러 갈 것이다.

만약 모든 사람이 수중에 돈이 늘어나도 기존의 재화 소비 수요를 전혀 늘리지 않는다면 그것은 사람들이 기존의 재화 소비에 완전히 만족한 상태, 즉 일종의 유토피아의 출현을 의미한다. 이 유토피아적 세계에서는 기존의 재화 소비가 완전히 포화 상태이므로 수요를 늘릴 수단은 수요 창조형 프로덕트 이노베이션밖에 남지 않는다. 그러나 다행인지 불행인지, 현 시점에서 우리가 사는 이 세계는 그런 유토피아가 아니다. 돈을 충분히 갖지 못한 탓에 사고 싶은 물건을 사지 못하는 소비자가 존재하는 한, 통화량을 늘리는 정책은 효과를 잃지 않는다.

다만, 현재와 같은 금융 정책의 틀에서는 그런 소비자들에게 돈이 전달되지 않을 가능성이 있다. 또 현재의 일본처럼 금리(이자율)가 제로에 가까움에도 기업에 대한 민간 은행의 대출이 증가하지 않는 탓에 돈이 시중에 나돌지 않아 통화량이 증가하기 어려운 상태에서는 전통적인 금융 정책의 효과가 크게 감소한다(그림3-9). 그래서 금융 정책과 (공공사업형이 아닌)재정 정책을 적절히 조합함으로써 중앙은행이 발행한 돈이 가계=소비자에게 골고루 전달되도록 만들어야 한다.

구체적으로는 [그림3-9]와 같이 민간 은행이 정부로부터 매입한 국채를 다시 중앙은행이 사들이고, 그 국채를 재원으로 삼아 정부가 가계에 직접 돈을 뿌리는 정책이 필요하다. 경제학에서는 이것을 헬리콥터로 공중에서 돈을 뿌리는 것 같은 정책이라고 해서 '헬리콥터 머니'라고 부른다.

이런 제언을 포함해 지금의 일본 경제가 직면한 문제를 어떻게 해결해야 할지에 관해 내가 하고 싶은 말은 산더미처럼 많지만, AI라는 주제에서 크게 탈선하는 이야기이므로 이쯤에서 마무리하도록 하겠다.

The Fourth Industrial Revolution

4장

제4차 산업 혁명 후의 경제
— 고용의 미래

기계가 알아서 부를 만들어내게 된다면
인간이 할 일은 없어지지.
종업원이 없는 완전 자동화된 기업은
주주에게만 부를 전달해.
그렇게 되면 인류는 두 종류로 나뉠 거야.
주주냐 주주가 아니냐.

인터넷 게시판에 어느 사용자가 올린 글

제4차 산업 혁명을 둘러싼
패권 다툼

앞 장에서는 특화형 AI가 지금까지의 기술과 질적으로는 같지만 양적으로는 경제에 더 큰 영향력을 끼쳐 경제 성장을 촉진하고 기술적 실업을 가져올 위험성이 있다는 이야기를 했다. 기술적 실업을 줄이기 위해서는 세상에 나도는 돈의 양, 즉 '통화량'을 늘리는 금융 정책이 효과적이다.

한편 범용 AI의 출현은 경제 구조를 크게 변형시키기 때문에 질적으로도 지금까지의 기술과는 다른 영향력을 경제에 끼칠 것이다. 이때는 금융 정책으로 기술적 실업을 줄이기가 불가능할지도 모른다.

이 장에서는 2030년경에 나타날 것으로 이야기되는 범용 AI가 경제 구조에 어떤 변혁을 가져오며 경제 성장과 고용에 어떤 영향을 끼칠지에 관해 생각한다.

제4차 산업 혁명의 열쇠가 될 기술

범용 AI의 출현은 아마도 다음 산업 혁명인 '제4차 산업 혁명'을 일으킬 것이다. 미래가 어떻게 될지는 알 수 없지만, 일단은 이 제4차 산업 혁명에 관해 흐릿하게나마 그 이미지를 그려 보려 한다.

독일 정부는 2011년에 '인더스트리 4.0^Industrie 4.0'이라는 정책 비전을 발표했다. 이 비전의 중핵에는 생산 공정에서 기계가 스스로 학습하고 기계끼리 대화하는 '스마트 팩토리(생각하는 공장)'의 콘셉트가 있다. 기계끼리 대화한다는 것은 물론 비유적인 표현으로, 기계가 독일어나 영어로 말한다는 뜻은 아니다. 네트워크에 접속된 기계와 기계가 정보를 교환하면서 협조해서 작동한다는 의미다. 또한 스마트 팩토리 안에서는 기계와 부품도 대화한다. 각 부품에 작은 컴퓨터칩이 부착되어 있어서, 부품 자신이 생산 프로세스에서 어떻게 가공되어야 할지를 생산 기계에 전달한다.

이와 같이 기계가 스스로 학습하고 기계끼리 또는 기계와 부품이 연계해서 작동함으로써 총체적으로 '자율적으로 동작하는 지적인 생산 시스템'이 실현된다. 스마트 팩토리라는 것은 바로 이런 시스템을 의미한다. 공장=생산 시스템이 인간의 개입 없이 스스로 생각하고 알아서 생산 활동을 하는 것이다. 그렇게 하면 생산 현장에 노동자는 거의 필요가 없어진다.

원래 인더스트리 4.0에는 독일의 심각한 인력 부족을 해소한다는 목적이 있었다. 독일은 출산율이 1.38로, 1.46인 일본처럼 저출산·고령화에 따른 생산 연령 인구(15세에서 64세 사이의 인구—옮긴이)의 감소에 직면했다. 그런 까닭에 일손이 필요하지 않은 자동 생산 시스템을 확립할 필요가 있었던 것이다. 그러나 그 문제에 관해 인더스트리 4.0은 양날의 검이라는 데 주목해야 한다. 일손 부족을 해소하는 기술은 실업을 가져오는 기술이기도 한 것이다. 일손 부족을 지나치게 해소하면 이번에는 일손이 남아도는 사태를 초래한다. 인더스트리 4.0이 기술적 실업을 초래할 가능성이 있다는 말이다.

인더스트리 4.0은 '제4차 산업 혁명'으로 번역할 수 있는데, 이것은 독일 정부가 내건 비전에 불과하며 아직 이 생산 시스템이 확립되지는 않았다. 따라서 미래에 찾아올 제4차 산업 혁명에서 독일식 인더스트리 4.0이 주력이 될지 어떨지는 알 수 없다. 비슷한 시도로는 미국의 제너럴 일렉트릭사가 중심이 된 '인더스트리얼 인터넷^{Industrial} ^{Internet}'이 있는데, 이쪽이 유력하지 않겠느냐는 이야기도 있다.

제4차 산업 혁명이 시작되는 시기는 2030년경이 될 것이다. 가령 경제산업성은 일본에서 제4차 산업 혁명이 실현되는 시기를 2030년으로 잡았다. 1995년에 시작된 제3차 산업 혁명이 그 이전부터 준비되었듯이, 제4차 산업 혁명도 현재 준비가 진행 중이라고 생각할 수 있다. 다만 제3차 산업 혁명과 관련된 기술이 일단 전부 대체된 뒤에 다음 혁명으로 넘어갈지, 아니면 전례와는 달리 제3차를 계승하면서 제4차 혁명으로 넘어가게 될지는 알 수 없다.

제4차 산업 혁명에서 열쇠가 되는 기술, 즉 범용 목적 기술General Purpose Technology, GPT의 후보로는 AI나 '사물 인터넷IoT', 3D 프린터를 들 수 있다. 이러한 기술을 활용해 일찌감치 생산 활동의 변혁에 성공한 나라가 다음 시대의 '헤게모니 국가(패권 국가)'가 될 것이다. '헤게모니 국가'란 미국의 사회학자인 이매뉴얼 월러스틴Immanuel Wallerstein이 제시한 개념으로, 세계 경제의 중핵적인 지역(서양) 중에서 더욱 압도적인 경제력을 보유한 국가를 의미한다. 월러스틴은 17세기의 네덜란드, 19세기의 영국, 20세기의 미국을 각 시기의 헤게모니 국가로 규정했다. 여기에서 18세기는 빠졌는데, 이 세기에는 네덜란드 이후의 패권을 둘러싸고 영국과 프랑스가 격돌한 '제2차 백년 전쟁'이 계속되었다. 최종적으로는 영국이 나폴레옹 전쟁(1803~1815)에서 승리를 거둠에 따라 영국의 패권이 확립되었다는 것이 정설이다.

여기에서 중요한 점은 [표4-1]을 보면 알 수 있듯이 각 시기에 GPT를 일찌감치 도입하고 발전시켜 활용한 나라가 패권을 잡았다는 것이다. 제1차 산업 혁명의 경우는 증기 기관을 생산 현장에 최초로 도입한 영국이 패권을 잡았다. 제2차 산업 혁명은 증기 기관을 대신할 공장의 동력원으로 전기 모터를 빠르게 도입해 내연 기관의 보완적 발명품인 자동차의 대량 생산을 세계 최초로 성공시킨 미국과 독

[표4-1] **범용 목적 기술과 헤게모니 국가**

	제1차	제2차	제3차	제4차
범용 목적 기술	증기 기관	내연 기관 증기 모터	컴퓨터 인터넷	Iot·3D 프린터 AI·범용 AI
헤게모니 국가	영국	미국(독일)	미국	미국, 중국, 독일, 일본??

일이 주도했다. 20세기 전반은 제2차 산업 혁명을 성공시킨 독일이 유럽의 패권을 주장했지만 역시 이 혁명을 성공시킨 미국(과 미국의 지원을 받은 연합국)이 두 차례의 세계 대전에서 독일을 제압함으로써 미국의 패권이 확립된 시기로 규정할 수 있다. 이렇게 해서 미국은 20세기의 헤게모니 국가가 되었는데, 1995년 이후의 제3차 산업 혁명=정보 혁명 또한 미국이 일으키고 견인했다. 그래서 21세기가 되어서도 여전히 미국이 헤게모니 국가의 자리를 유지하고 있다.

그러나 다음의 패권을 둘러싼 싸움이 이미 시작되었다. 만약 인더스트리 4.0이 성공을 거둔다면 독일이 미국을 대신해 헤게모니 국가의 자리에 오를 가능성이 있다. 그렇게 된다면 제2차 산업 혁명 당시 패권 경쟁에서 미국에 패한 독일이 설욕에 성공하게 된다. 혹은 범용 AI의 기술에서 우세해진 일본이 다음 패권을 쥘 가능성도 없지는 않다. 2030년경의 일본은 인구가 1억 1,500만 명 정도로 감소할 것이 예상되지만, 인구는 문제가 되지 않을지도 모른다. 제1차 산업 혁명 당시(1800년) 영국의 인구는 1,600만 명 정도로 3억 이상의 인구를 보유한 중국(청나라)의 20분의 1 정도에 불과했지만 그럼에도 세계를 제패했다. 제4차 산업 혁명 후의 시대에서도 뒤에서 이야기할 폭발적인 경제 성장이 일어난다면 인구가 적은 나라여도 GDP가 엄청나게 증가해 세계의 패권을 장악할 가능성이 있다.

단, 일본이 패권을 쥐게 되더라도 그것은 경제적 패권이지 군사적 패권은 아닐 것이다. 일본은 '항구적인 평화를 염원하는' 국가일 터이므로 군사적으로 세계를 지배하는 일은 당분간 일어날 수 없기 때문이다. 반대로 말하면 AI 등의 기술을 군사적으로 이용하려 하는 미국이나 중국에 비해 일본 같은 평화 국가가 제4차 산업 혁명에서 우위에 서는 것은 세계에 바람직한 일일지도 모른다.

범용 AI는 사회에 어떻게 도입될까?

어떤 나라가 최초로 범용 AI의 개발에 성공하든, 범용 AI의 출현은 수많은 나라의 경제 구조를 근본적으로 변혁시킬 것이다. 인더스트리 4.0의 적용은 공업 분야에 한정되지만, 범용 AI는 공업뿐만 아니라 서비스업 등 모든 산업에 영향을 끼친다. 따라서 범용 AI야말로 제4차 산업 혁명의 가장 유력한 GPT 후보로 생각된다.

경제 구조의 근본적인 변혁은 범용 AI가 평균적인 인간이 할 수 있는 일의 대부분을 빼앗아감에 따라 발생한다. 2장에서 나는 생명의 벽이라는 한계를 지적하며 AI와 인간 사이에는 '감각의 통유성'이 존재하지 않는다고 말했다. 그럼에도 범용 AI가 2030년경에 실현된다면 그때부터 인간의 노동 수요가 급속히 감소할 것으로 생각된다. 확산에 시간이 걸린다고는 해도 2045년경에는 인간만이 할 수 있는 일의 범위가 상당히 좁아질 것이다. 그 과정을 그려 보자.

범용 AI는 먼저 컴퓨터나 스마트폰에서 작동되는 고도의 '퍼스널 어시스턴트(전자 비서, AI 컨시어지, 버틀러 서비스)'로서 활약할 것이다. 시리가 지금보다 훨씬 영리해져서 어떤 요망에도 대응하는 모습을 상상해 보기 바란다. 현재의 퍼스널 어시스턴트도 음성으로 지시하면 비행기나 호텔을 예약해 준다. 그러나 여기에서 그치지 않고 "우리 회사의 결산서를 만들어 줘."라든가 "우리 회사의 홈페이지를 만들어 줘."라든가 "자동차 산업의 최근 동향을 10페이지 정도의 보고서로 정리해 줘."라고 명령하면 각각의 작업을 즉시 수행해 주게 된다. 기업에서 상사가 부하 직원에게 지시하는 수준의 사무 작업이라면 무엇이든 할 수 있을 것이다. 따라서 기업의 사무직이 뿌리째 소멸할 가능성이 있다. 업종에 따라서는 현재 20~30명 규모의 회사를 사장 혼자서 운영할 수 있게 될 것으로 생각된다.

다만 이런 퍼스널 어시스턴트는 손발이 없으므로 컴퓨터상의 업무밖에 담당하지 못한다. 손님 접대나 유도는 맡지 못한다. 그러나 지금도 화이트컬러의 근무 시간 중 대부분은 컴퓨터를 사용하는 작업에 할애되고 있으므로 화이트컬러 노동자는 격감할 것으로 예상된다.

이와 같은 퍼스널 어시스턴트의 다음 단계에는 범용 AI가 '범용 로봇'의 두뇌에 탑재될 것이다. '범용 로봇'은 몸을 쓰는 여러 가지 작업을 할 수 있는 로봇이다. 로봇의 신체 부분에 관한 기술의 경우는

AI의 딥 러닝에 필적하는 획기적인 기술이 나오지 않고 있어서 느린 진보가 꾸준히 계속될 것으로 예상된다. 실용적인 인공 근육이 개발된다면 인간처럼 유연하게 움직일 수 있게 되겠지만, 현 시점에서는 그런 인공 근육이 개발될 기미가 보이지 않고 있다. 따라서 로봇은 모터를 이용해서 무거운 손발을 움직일 수밖에 없으며, 이런 방식으로는 유연하게 움직일 수가 없다.

그래도 원초적인 형태의 범용 로봇이라면 이미 존재한다. 리싱크 로보틱스사가 만든 '박스터Boxter'라는 로봇이다. 리싱크 로보틱스사는 아이로봇사를 설립해 청소 로봇 '룸바'를 세상에 선보인 AI · 로봇 연구자 로드니 브룩스Rodney Brooks가 새로 창업한 회사다. 박스터는 커다란 두 팔을 가지고 있어서 상자에 물건 담기나 부품 배치, 부품 설치 등 공장 내의 다양한 작업을 할 수 있다. 지금까지 산업용 로봇은 각각의 작업에 특화된 프로그램이 필요했다. 그런 까닭에 비용이 높아져 중소기업의 경우는 도입하기가 어려웠다. 그런데 박스터는 작업별 프로그램이 필요하지 않으며, 인간이 그 팔을 움직여서 작업 방식을 기억시킬 수 있다. 이런 로봇에는 패턴 인식이나 기계 학습 같은 최근 눈부신 발전을 이룩한 AI 기술이 응용되어 있다. AI 기술의 돌파구가 로봇 공학에도 혁명을 가져왔다는 점에 주목하기 바란다.

박스터에 딥 러닝을 응용하려는 연구도 진행되고 있는데, 그 결과 사람의 행동을 보고 따라함으로써 유리잔에 물을 따르고 오이를 얇게 쓸 수 있게 되었다. 이와 같은 응용은 현재 활발히 진행되고 있어서, 일본에서도 화낙사가 딥 러닝 기술을 이용해 인간에게 배우지 않고도 다양한 물건을 잡아서 운반하는 로봇을 개발하는 데 성공했다. 이대로 순조롭게 기술이 진보한다면 지금으로부터 10년 후인 2025년경에는 방 정리나 요리, 상차림, 청소 같은 일련의 작업을 할 수 있는 집안일 로봇이 나타날지도 모른다. 가격이 수십만 엔까지 떨어져서 서민의 손이 닿게 되기까지는 조금 더 시간이 걸리겠지만, 레스토랑에서 웨이터·웨이트리스로 활약하거나 저가 이발소·미용실에서 헤어컷을 담당하게 될 것이다.

다만 이 단계의 로봇은 아직 두뇌가 인간의 수준에 미치지 못한다. 따라서 레스토랑의 손님이 "이 자리는 에어컨 바람을 직접 맞아서 추운데, 저쪽 자리로 옮겨도 될까요?" 같은 변칙적인 요청을 했을 때 대응하지 못할 것이다. 그럴 때 로봇 점원은 인간 점원의 도움을 필요로 한다. 오늘날 일본의 가게에서 일하는 외국인 점원이 손님의 말을 이해하지 못했을 때 일본인 점원을 부르러 가는 것과 비슷한 느낌이다. 그러나 범용 AI가 등장하고 나아가 그것이 범용 로봇에 탑재된다면 그런 문제도 해결할 수 있다. 이와 같은 범용 AI·로봇은 지적으로 그리고 신체적으로 인간과 똑같이 행동할 수 있는 두뇌와 손발을 가지고 있으므로 대략 평균적인 노동자가 할 수 있는 일이라면 무엇이든 수행할 수 있다. '에어컨 바람'이나 '저쪽 자리' 같은 말의 의미도 제대로 이해하고 손님을 적절한 자리로 유도할 수 있을 것이다.

범용 AI가 2030년에 등장한다면 그로부터 5년 후인 2035년에는 범용 AI를 탑재한 로봇이 제품화된다 해도 이상하지 않다. 그리고 다시 10년 후인 2045년에는 상당히 보급될 것이다.

기계에 빼앗길
가능성이 낮은 직업

그래도 인간에게는 그런 범용 AI · 로봇에 지지 않는 영역이 있다고 생각된다. 생명의 벽이 존재한다면,

- 창조성 계열Creativity
- 경영 · 관리 계열Management
- 고객 감동 계열Hospitality

이라는 세 가지 분야의 직업은 사라지지 않을 것이라고 나는 생각한다. 'C: 창조성 계열'은 소설 쓰기, 영화 찍기, 발명하기, 새로운 상품의 기획을 생각하기, 연구를 하고 논문 쓰기 같은 일이다. 'M: 경영

· 관리 계열'은 공장 · 점포 · 프로젝트의 관리, 회사 경영 등이다. 그리고 'H:고객 감동 계열'은 돌보미, 간호사, 보육사, 지도사 등의 일이다. 나는 이 세 가지 계열의 직업을 묶어서 CMH라고 부른다. CMH는 모두 타인과의 감각의 통유성이 필요한 일이다. 그런데 창조성 계열이나 고객 감동 계열은 그렇다 쳐도 왜 경영 · 관리 계열에 감각의 통유성이 필요할까? 공장에서든 점포에서든 전례가 없는 예측 못한 사태가 발생했을 때 일반적인 인간의 감각이 있어야 적절히 대처할 수 있기 때문이다. 2장에서 이야기했듯이 AI는 미리 규칙을 정해 주지 않으면 레스토랑에 쥐가 들어왔을 때 그것을 때려잡아야 할지 어떻게 해야 할지 판단하지 못한다. 그러나 인간은 자신의 뇌에 물어보고 스스로 판단할 수 있다.

칼 프레이와 마이클 오스본이 쓴 〈고용의 미래〉에서는 인간에게 남는 업무 스킬로 창조성Creativity'과 '사회적 지성Social Intelligence'을 꼽았다. 나는 여기에서 사회적 지성을 다시 경영 · 관리와 고객 감동으로 나눠서 생각하고, 이 가운데 고객 감동의 중요성을 특히 강조한다. 〈고용의 미래〉에서는 가령 바텐더를 소멸할 가능성이 높은 직업으로 꼽았다(그림1-4). 그러나 술을 따르는 것은 기계가 할 수 있어도 손님의 마음을 위로해 주거나 즐겁게 대화를 나누는 등의 고객 감동은 타인과의 감각의 통유성을 지닌 인간이 더 잘한다.

가까운 미래에는 바와 레스토랑 모두 저렴함을 앞세우는 가게에서는 기계가, 고급 점포에서는 인간이 손님을 대응하게 될 것이다.

노동자는
살아남을 수 있을까?

다만 나의 시나리오에서도 CMH와 관련된 직업에 종사하는 모든 사람이 기계에 일자리를 빼앗기지 않는 것은 아니라는 데 주의해야 한다. 고객 감동의 측면에서도 기계는 인간을 추격할 것이므로 기계와의 경쟁에 져서 밀려나는 바텐더는 매년 증가할 것이다.

지금도 대부분의 사람은 작곡 프로그램 'EMI'보다 작곡 실력이 떨어지며, 라이브 공연을 열어서 하츠네 미쿠(初音ミク: 크립톤 퓨터 미디어 사가 개발한 음성 합성 소프트웨어이자 이미지 캐릭터. 2007년에 등장한 이래 폭발적인 인기를 끌고 있으며, 최근에는 캐릭터의 홀로그램을 이용한 콘서트를 개최하고 있다—옮긴이) 이상으로 관객을 불러 모으지도 못한다. 이와 마

찬가지로 기계 이상의 고객 감동은 극히 일부 사람들만이 할 수 있는 달인의 경지가 되어 갈 것이다.

나 같은 대학 교원은 창조성과 고객 감동이 필요한 직업이라고 볼 수 있는데, 교원 또한 장기적으로는 안전한 직업이 아니다. 교육은 본래 세심한 배려가 필요한 서비스업이지만, 나를 포함해 적지 않은 대학 교원은 고객 감동에 그다지 소질이 없다. 그렇다 보니 수업을 들을 시간에 교과서를 읽는 편이 훨씬 이해에 도움이 된다고 생각하는 학생이 적지 않다. 지금도 인터넷 동영상 강의가 대학 교육에 도입되고 있으며, 그만큼 교원의 수요가 줄어들고 있다. 나아가 인터넷에서 교육 동영상을 제공하는 서비스인 '무크MOOC, Massive Open Online Courses(대규모 공개 온라인 강의)'가 대학 자체의 존재의의를 위협하기 시작했다. 무크를 이용하면 스탠퍼드 대학이나 하버드 대학 등의 강의를 무료로 볼 수 있으며, 숙제나 시험을 통과하면 수료증도 받을 수 있다. 무크의 출현으로 많은 대학이 필요 없어질 것이라는 예상도 나오고 있다.

이에 대해서는 인터넷에서 동영상을 보는 것만으로는 현장감을 얻을 수 없기 때문에 지금까지와 마찬가지로 교실에 학생을 모아 놓고 가르치는 수업이 계속 필요할 것이라는 비판이 가능하다. 실제로 학위를 얻을 때까지 무크를 이용해 계속 공부할 수 있는 사람은 지극히 우수한 일부 학생에 국한된다. 통신 대학의 졸업률이 낮은 것도 같은 이유다. 그러나 AI 교수가 교실에서 활약하게 된다면 일부 고객 감동 능력이 뛰어난 '스타 교수' 이외의 인간 교원은 경쟁에서 밀려날 것이다.

AI 교수에게 고가의 로봇 신체는 필수 조건이 아니다. 하츠네 미쿠처럼 3D 홀로그램 캐릭터가 말을 하는 것만으로 충분하다. 오히려 그쪽이 아저씨 교원보다 학생들의 학습 의욕을 높일 수 있을지도 모른다. 그렇게 된다면 많은 교원이 해고될 가능성이 있다. 나의 최소한의 소원은 AI 교수의 심부름꾼이 되어 출석 카드 배포 등의 잡무를 성실하게 할 테니 제발 해고만은 하지 말아 줬으면 하는 것이다.

물론 교육뿐만 아니라 연구도 대학 교원의 중요한 직무다. 그러나 창조성이 필요한 이 연구라는 행위조차도 AI에 대체될 가능성이 있다. 이와 관련해 경제학자인 와세다 대학의 와카타베 마사즈미若田部昌澄 교수는 "인공 지능은 경제학자의 꿈을 꾸는가?"라는 질문을 던졌다.

현재 경제학에서는 데이터를 해석하는 연구가 가장 활발하게 진행되고 있다. 가령 미국의 경제학자인 스티븐 레빗Steven Levitt은 일본의 스모 경기에서 승부 조작이 있었음을 데이터로 실증하는 연구 논문을 2002년에 발표했다. 《21세기 자본》으로 유명해진 프랑스의 경제학자 토마 피케티Thomas Piketty는 데이터를 꼼꼼히 추적해 자본가와 노동자의 격차가 확대되고 있음을 제시했다. 요컨대 경제학자는 데이터 과학자에 가까워지고 있는 것이다.

데이터 해석은 언젠가 AI의 능력이 인간을 아득하게 뛰어넘겠지만, 그것만이라면 논문을 작성하는 작업은 아직 인간의 영역으로 남게 된다. 그런데 범용 AI는 데이터를 해석하고 그 결과를 논문으로 정리해 저널(학술 잡지)에 투고하는 연구자의 모든 작업을 인간의 개입 없이 할 수 있게 된다. 게다가 인간과는 비교도 되지 않는 속도로 일련의 작업을 수행할 수 있다. 비교적 부지런한 인간 경제학자가 논문한 편을 쓰는 데 반 년이 걸리는 데 비해 범용 AI는 예를 들면 1시간에 한 편의 비율로 논문을 써 나갈 것이다. AI가 인간을 대신해 경제학자가 될 가능성이 상당히 높다고 생각된다.

이것은 사회학이나 심리학, 자연과학 전반에도 해당되는 이야기다. 비약적인 발상이 가능한 일부 스타 연구자는 일자리를 잃지 않겠지만, 대부분의 인간 연구자는 직장에서 쫓겨나는 운명에 처할 것이다.

또한 다른 직업에서도 같은 일이 일어난다. 흔해빠진 스타일의 노래밖에 만들어내지 못하는 작곡가나 감각의 통유성을 바탕으로 세심한 배려를 할 줄 모르는 돌보미는 범용 AI·로봇과의 경쟁에서 밀려날 가능성이 있다.

전체 인구의 10퍼센트만이 직업을 가질 수 있는 미래

이렇게 기계가 사람들의 고용을 순조롭게 빼앗아 가면 지금으로부터 30년 후인 2045년경에는 전체 인구의 10퍼센트 정도만이 직업을 가질 수 있는 시대가 될지도 모른다.

일본의 2015년도 취업자 수는 전체 인구의 약 절반인 6,400만 명이다. 총무성 통계국 노동력 조사의 '산업, 업종별 취업자 수'에 따르면 창조성 계열, 경영·관리 계열, 고객 감동 계열로 규정할 수 있는 '관리적 직업', '전문적·기술적 직업(연구자와 교육자, 의사 등)', '서비스 직업 종사자(돌봄, 조리, 접객·급사 등)'의 합계는 2,000만 명 정도다. 앞에서도 이야기했듯이 AI는 이런 직업에서도 어느 정도 인간을 대체할 것이다. 혹은 예를 들어 레스토랑이 '무인에 가까운 저가 레스토랑'과 '인간이 손님을 상대하는 고급 레스토랑'의 두 부류로 나뉘는 상황도 고려해야 한다. 그렇게 된다면 인간 노동자는 현재의 2,000만 명 중 약 절반인 1,000만 명 정도만 필요해질 가능성이 있다. 일본 전체 인구의 10퍼센트가 채 안 되는 숫자이지만, 일단 10퍼센트라고 하자.

비현실적인 예측으로 보이는가? 조금 더 자세히 이야기하면, 나머지 90퍼센트 중에도 일을 하는 사람은 있을 것이다. 그러나 대부분은 파트타임 아르바이트일 터이며, 풀타임을 일한다 해도 생계를 유지하기에는 턱없이 부족한 돈밖에 벌지 못할 것이다. 혹은 종신 고용 제도 덕분에 회사에서 해고되지는 않았지만 딱히 할 일이 없어서 사내 실업 상태에 놓인 사람도 있을 것이다.

요컨대 2045년에는 내실 있는 직업에 종사하며 생계를 유지할 수 있을 만큼의 수입을 올리는 사람이 10퍼센트 정도밖에 없을 가능성이 있다. 이것이 내 주장이 의미하는 바다.

다만 이것은 2030년경에 범용 AI가 실현된다는 전제 하의 이야기다. 또한 그 전제가 충족된다 하더라도 이것은 예상 가능한 미래 시나리오 중 하나에 불과하다. AI 기술의 발전 속도나 기업의 도입 속도, 경제 정책 여하에 따라서는 더 많은 사람이 제대로 된 직업을 갖고 일하는 경제가 될 가능성도 있다. 인구의 10퍼센트 정도만이 직업을 가질 수 있을 것이라는 예상은 내 예측 중에서도 극도로 비관적(어쩌면 AI 연구자의 처지에서는 낙관적)인 시나리오이지만, 논의를 진행할 때 하나의 기준은 될 수 있지 않을까 싶다.

그러면 좀 더 권위 있는 연구에 입각해서 미래의 취업자 수를 간단히 예상해 보자. 칼 프레이와 마이클 오스본이 쓴 〈고용의 미래〉에 따르면 15년(10~20년이므로 그 중간인 15년) 후인 2030년에는 취업자의 수가 지금의 약 절반이 된다. 프레이와 오스본은 그 후에 어떻게 될지 이야기하지 않았지만, 15년이 더 지난 2045년에는 절반의 절반인 4분의 1이 된다고 가정하자. 일본에서는 현재 전체 인구의 50퍼센트 정도가 일을 하고 있으므로 4분의 1이라면 약 12.5퍼센트, 역시 약 10퍼센트가 된다.

나의 시나리오는 이것과는 차이가 있다. 다만 여기에서 말하고 싶은 것은 2045년경에 전체 인구의 10퍼센트만이 직업을 가질 수 있는 미래가 찾아온다는 것이 그렇게 별난 예상이 아니며, 나의 단순한 망상으로만 치부할 수는 없는 현실적인 미래 예상이라는 점이다.

순수 기계화 경제로의 변화

　내 시나리오에서는 창조적이거나 고객 감동 능력이
뛰어난 10퍼센트의 사람들은 2045년에도 기계와의 경쟁에서 승리해
계속 일을 하게 된다. 그러나 AI가 경제에 끼칠 영향력을 생각할 때는
이 10퍼센트를 무시하고 모든 사람이 기계와의 경쟁에서 패배했다고
생각해도 무방할 것이다.

　만약 노동자가 기계보다 기능이 떨어지더라도 인간 노동자의 임금
이 빠르게 하락한 결과, 기업이 범용 AI · 로봇을 구입하거나 빌리는
비용보다 임금이 더 저렴하다면 노동자를 계속 고용할 가능성이 있
다. 그러나 경제학 교과서를 보면 임금에는 '하방 경직성'이라는 것
이 있다. 요컨대 임금은 쉽게 낮아지지 않는다는 것이다. 고용주가

"다음 달부터 자네의 급여를 20만 엔에서 18만 엔으로 줄이겠네."라고 말한다면 우리는 불같이 화를 내며 저항할 것이다. 이 저항 때문에 임금은 하방 경직적이 되는 것이다.

임금이 낮아지면 생활이 어려워지므로 이런 저항은 개개인에게 합리적이다. 그러나 사회 전체에는 합리적이 아닐지도 모른다. 경영자는 임금을 낮출 수 없다면 일부 사원을 해고시키고 로봇을 도입하는 편이 비용을 절감할 수 있다고 생각할 것이기 때문이다. 해고가 어렵다면 신입 사원의 채용을 줄이는 방법을 선택할 수도 있다. 어떤 방법을 선택하든 실업자는 증가하게 된다. 실업자가 증가한다는 것은 사회 전체에 기쁜 일이 아니다. 이와 같이 개개인에게는 합리적인 행동이 전체적으로 봤을 때는 해악이 되는 것을 '구성의 오류(혹은 합성의 오류)'라고 한다.

임금의 하방 경직성은 구성의 오류를 낳아 실업을 초래한다. 설령 사회 전체의 이익을 고려해 개개인이 임금 하락에 동의하더라도 문제는 남는다. 사람을 고용하려면 비용이 들어간다. 일본에서는 기업이 피고용자의 후생 연금을 절반 부담해야 한다. 따라서 임금이 낮아지더라도 기업이 그런 부담을 기피할 가능성이 있다. 게다가 임금은 법률로 정해진 최저 임금 이상이어야 한다. 로봇의 가격이 얼마든지 낮아질 가능성이 있는 데 비해 인간의 임금은 최저 임금 미만이 될 수 없다. 최저 임금이라는 하한선에 부딪힌 순간, 더는 임금 하락에 따른 고용 증대를 기대할 수 없게 되는 것이다.

소프트뱅크에서 개발한 로봇 페퍼Pepper의 임대 가격은 현재 1시간에 1,500엔이다(페퍼 지원 요원의 급여 등은 고려하지 않는다). 최저 임금은 지역에 따라 차이가 있지만, 도쿄도의 경우는 시급 900엔 정도다. 그 차이는 600엔에 불과하다. 물론 현 시점에서는 아직 페퍼 같은 로봇이 할 수 있는 일이 한정되어 있다. 그러나 범용 AI가 출현한 뒤에 그것을 탑재한 범용 로봇의 임대 가격이 인간의 최저 임금을 밑돌게 되기까지는 그리 오랜 시간이 걸리지 않을 것이다.

이상과 같은 이유에서 범용 AI가 출현하고 그리 멀지 않은 미래에 범용 AI · 로봇이 생산 활동에 전면적으로 도입되어 노동자의 대부분이 고용되지 않는 경제가 도래할 가능성이 있다. 이런 경제를 '순수 기계화 경제'라고 부르기로 하자.[31] 1장에서 이야기했듯이 최초의 산업 혁명을 통해 생산의 기계화가 이루어졌으므로 그 이후의 경제, 즉 자본주의 경제는 '기계화 경제'라고 바꿔 말할 수 있다. '기계화 경제'에서는 [그림4-1]과 같이 '노동'과 '기계'가 협동해서 생산 활동을 한다. 이 경우의 '기계'는 생산에 필요한 생산 설비로, 경제학에서는 '자본'이라고도 부른다. '노동'은 노동자, 즉 인간을 가리킨다.[32]

한편 제4차 산업 혁명에서는 생산 활동이 '순수하게' 기계화된다. 그 이후의 경제, 즉 '순수 기계화 경제'에서는 [그림4-2]와 같이 노동이 필요 없어지며, AI나 로봇 등의 기계만이 직접적으로 생산 활동을 담당하게 된다. 기계가 '생산의 수단'에서 '생산의 주체'가 되는 것이다. 다만 [그림4-2]에 '기술'이 있는데, 인간은 새로운 기술을 연구하

[그림4-1] **기계화 경제(기존의 자본주의)의 구조**

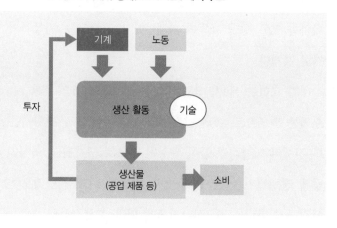

[그림4-2] **순수 기계화 경제의 구조**

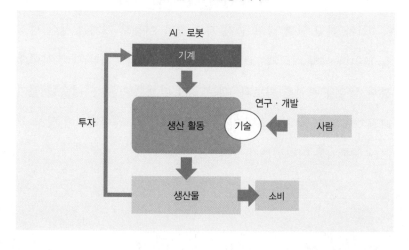

거나 신상품을 개발하는 등의 창조적인 일을 계속해서 맡을 것이다. 혹은 앞에서도 말했듯이 경영·관리나 고객 감동과 관련된 일도 인간의 영역으로 남을 가능성이 있다. 순수 기계화 경제는 이런 일들을 제외한 모든 생산 활동이 기계만으로 진행되는, 자동화가 극도로 발전한 경제다.

내가 그리는 제4차 산업 혁명은 새로운 GPT인 범용 AI·로봇이 일으키는 혁명으로, 2030년경부터 진전되어 2045년경에는 순수 기계화 경제의 대략적인 틀이 완성될 것으로 생각된다. 역사가 실제로 이렇게 진행될지는 알 수 없지만, 가능한 미래 시나리오 중 하나라고 생각하기 바란다. 이 시나리오에 따라서 생각하면 2030년경부터 범용 AI를 도입한 나라와 그렇지 못한 나라의 경제 성장에 거대한 격차가 생길 것이다. 나는 이 격차를 '제2의 대분기'라고 부른다. 19세기의 제1차 산업 혁명 당시 증기 기관 등을 이용한 기계적 생산 방식을 도입한 서양 각국과 그렇지 않은 아시아·아프리카 각국 사이에 경제 성장과 관련된 최초의 '대분기'가 발생했다. 이와 비슷한 일이 21세기에 일어난다는 말이다. 그러면 이야기를 진행하기에 앞서 최초의 대분기는 어떠했는지 살펴보도록 하자.

제1의 대분기

다음의 [그림4-3]을 보면 알 수 있듯이, 인류의 생활 수준은 역사의 여명기부터 첫 번째 산업 혁명의 시기에 이르기까지 거의 변화가 없었다. 1인당 GDP가 아이를 낳아서 키우는 것이 고작인 '최저 생존비 수준'을 크게 벗어나지 못했다. 물론 그렇다고 생산에 관한 인류의 지식이나 기능이 전혀 진보하지 않았던 것은 아니다. 그러나 기술의 진보나 개간으로 곡물의 획득량이 늘어나도 그만큼 인구가 증가한 까닭에 1인당 식비에는 변화가 없었다. 이것을 '맬서스의 덫'이라고 한다.

'맬서스의 덫'은 산업 혁명기에 영국의 경제학자인 토머스 로버트 맬서스Thomas Robert Malthus가 《인구론》에서 제창한 개념이다. 이에 따르면

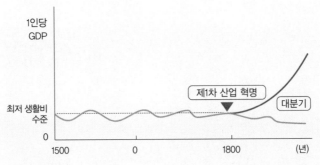

[그림4-3] 대분기

그레고리 클라크, 《맬서스, 산업혁명 그리고 이해할 수 없는 신세계》를 바탕으로 작성

농업 중심의 경제에서는 1인당 토지 면적이 넓어질수록 많은 농작물을 먹을 수 있으므로 사람들이 풍요롭게 생활할 수 있다. 토지에 대해 인구가 적을수록 사람들의 생활은 풍요로워지는 것이다. 그러나 사람들은 풍요로운 환경에서는 그만큼 더 많은 자손을 만들어낸다. 그렇게 되면 토지에 대한 인구의 비율이 증가하므로 사람들은 빈곤해진다. 따라서 기술의 향상이나 경작지의 확대로 생산량이 증가해도 사람들은 좀 더 건강하고 행복한 생활을 일시적으로밖에 누리지 못하며 결국은 원래의 생활수준으로 돌아간다. 그리고 이런 과정이 반복되면서 인구만이 증가하는 결과를 낳는다. 이것이 맬서스의 덫의 메커니즘이다.

가령 16세기경에 신대륙에서 유럽으로 전래된 감자는 생산성이 밀의 3배나 되었다. 아일랜드에서는 특히 감자 재배가 성행했는데, 그 결과 인구도 3배 정도로 증가했기 때문에 생활수준은 거의 향상되지 못했다. 또한 앞 장에서 이야기했듯이 청 시대의 중국에서도 고구마와 옥수수가 유입되어 식량이 증산되었지만 그 결과 인구가 폭발적으로 증가했기 때문에 사람들의 생활 향상으로는 이어지지 않았다.

이와 같은 기술과 인구, 생활수준의 관계를 근본적으로 뒤엎은 것이 제1차 산업 혁명이다. 맬서스가 《인구론》을 썼을 무렵까지만 해도 인류는 어느 지역에서나 눈부신 번식력의 결과로 빈곤한 생활을 해야 했다. 그런데 바로 그 무렵부터 인류는 맬서스의 덫으로부터 극적으로 벗어나기 시작했다. 산업 혁명기의 영국에서는 인구가 전례 없는 기세로 증가했다. 그러나 그 증가세를 뿌리칠 만큼의 속도로 생산성이 상승해 생산량을 증가시켰다.

[그림4-4]와 같이 농업 중심의 경제에서는 생산 활동에 필요한 주된 인풋(투입 요소)은 토지와 노동이고 아웃풋(생산물)은 농작물이다. 당연한 말이지만, 인간이 토지를 만들어낼 수는 없다. 따라서 개간을 하거나 이모작(1년에 쌀과 보리 등 두 가지 작물을 재배하는 것)을 도입한들 생산량에는 자연스럽게 한계가 생긴다. 그에 비해 [그림4-1]과 같이 공업 중심의 경제인 '기계화 경제'의 경우는 생산 활동에 필요한 주된 인풋이 '기계'와 '노동'이며 주된 아웃풋은 공업 제품이다. 그리고 기계 자체도 공업 제품이며, 사람의 손으로 만들어낼 수 있다. 아웃풋 중에서 가계 소비 이외의 부분을 투자라고 하는데, 투자를 하면 기계=자본을 늘릴 수 있다. 그러면 더 많은 공업 제품을 만들어낼 수

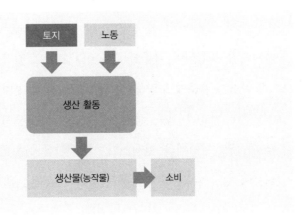

[그림4-4] **농업 중심의 경제**

있다. 이와 같은 순환적인 프로세스를 통해 기계=자본은 무제한으로 증식하며 생산량도 무한정 증가한다. 이것이 바로 자본주의라는 것이다. 이 프로세스를 맬서스 경제학에서는 '자본의 자기 증식 운동' 등으로 표현한다. 기술의 진보는 기계의 생산 효율을 상승시키는 동시에 기계=자본을 끊임없이 증식시킴으로써 GDP의 지속적인 성장을 가능케 한다.

19세기의 서양 각국이 지속적으로 경제 성장 노선을 걸은 반면, 다른 나라들은 다른 노선을 걸었다. [그림4-3]의 1인당 GDP를 나타내는 그래프를 보면, 산업 혁명기에 이르러 악어가 입을 벌리듯이 두 갈래로 갈라졌음을 확인할 수 있다.

영국을 비롯한 서양 각국의 경제는 공업화되고 기계화됨으로써 상승 노선을 걸었다. 한편 아시아·아프리카 국가 등의 경제는 정체 노선을 걸었으며, 서양 각국에 수탈당함으로써 오히려 빈곤해졌다. 이렇게 해서 세계는 풍요로운 지역과 가난한 지역으로 나뉘고 말았는데, 이것이 바로 최초의 '대분기(거대한 분기Great Divergence)'다. 이 말은 미국의 역사학자인 케네스 포메란츠Kenneth Pomeranz가 2000년에 출판한 저서《대분기》에서 유래했다.

포메란츠의 주장에 따르면 18세기에 중국 양쯔 강 하구의 델타 지대(거대한 삼각주가 있는 지대)에서는 영국과 마찬가지로 시장 경제의 발전을 볼 수 있었다. 그럼에도 중국이 아닌 영국이 다른 나라에 앞서서 국민 소득이 매년 증가하는 경제로 이행할 수 있었던 이유는 석탄 채굴이 비교적 용이한 위치에 있었고, 광대한 식민지를 가지고 있었던 덕분이었다.

포메란츠의 이 주장은 수많은 비판에 직면했지만, 그 비판에 대한 비판도 제기되었다. 이것을 묶어서 '대분기 논쟁'이라고 부른다. 금세기에 들어와 경제학 분야에서 가장 뜨거운 관심을 불러 모은 이 논쟁에 나도 강한 흥미를 느끼고 있지만, 여기에서는 깊이 들어가지 않도록 하겠다. 다만 [그림4-3]의 그래프와 '대분기'라는 말은 기억해 두기 바란다.

기존의 자본주의에서의 경제 성장 ✛

최초의 산업 혁명으로부터 현대까지 계속되고 있는 자본주의의 경제 구조가 어떤 것인지 확인하기 위해 다시 한 번 [그림4-1]을 보기 바란다. 인풋은 '기계=자본'과 '노동'이고, 아웃풋은 공업 제품이나 서비스 등의 '생산물'이다. 여기에서는 예를 들어 기계 4대와 노동자 9명이라는 인풋을 사용해 자동차 6대라는 아웃풋을 만들어낼 수 있다고 가정하자. 그리고 인풋을 각각 2배로 늘려서 기계 8대와 노동자 18명을 동원하면 아웃풋도 2배가 되어 자동차 12대를 생산할 수 있다고 생각한다. 이와 같은 성질을 경제학 용어로 "규모에 대해 수확이 일정하다."라고 말한다. 요컨대 인풋을 2배로 늘리면 아웃풋도 2배가 되는 성질이다.

지금까지의 자본주의 경제에서는 '규모에 대해 수확이 일정하다.'는 법칙이 얼추 성립했다고 생각할 수 있다. 이와 같은 경제에서는 생산을 2배로 늘리고 싶으면 기계의 대수와 노동자의 수를 모두 2배로 늘려야 한다. 거시 경제 전체의 관점에서 생각하면 노동자의 수를 늘리기 위해서는 인구를 늘려야 한다. 그런데 정책적으로 인구 증가를 촉진하기도 어렵지만, 설령 그것이 가능하다 해도 인구 1인당 GDP는 증가하지 않는다. '1인당 GDP'야말로 개개인의 생활의 풍요로움을 나타내는 지표이며, 이것은 GDP를 인구로 나눠서 구한다. 인구가 증가함으로써 GDP가 늘어나도 '1인당 GDP'는 결국 변하지 않으며, 개개인의 생활은 조금도 풍요로워지지 않는다.

그렇다면 기계의 대수를 늘릴 경우는 어떻게 될까? 그러나 이 또한 초장기적으로는 기대만큼의 효과를 얻지 못한다. 대수를 늘릴수록 생산력의 증가폭이 줄어들기 때문이다. 노동자의 수를 늘리지 않는 채로 기계만을 늘린다면 자동차의 생산량은 점점 증가하지 않게 된다.

기계의 인풋을 추가할수록 생산력이 그다지 상승하지 않게 되는 이와 같은 현상을 경제학에서는 '한계 생산성 체감逓減'이라고 부른다. '한계'는 '추가적'을 의미하는 경제학 특유의 표현이다.

그러면 다시 [그림4-1]의 '투자'라고 적힌 화살표에 주목하기 바란다. 기계 자체도 생산물이므로 기계의 대수를 늘릴수록 생산력이 그다지 증가하지 않게 된다는 말은 기계의 대수도 그다지 늘어나지 않게 됨을 의미한다. 따라서 초장기적으로 보면 인풋의 증가가 경제를 성장시키는 효과는 그다지 기대할 수 없게 되며, 이윽고 '기술'의 수준이 상승하는 비율, 즉 '기술 진보율'만이 경제 성장률을 결정하게 된다.[33]

앞 장에서 이야기했듯이, 선진국을 따라잡는 과정에 있는 나라에서는 기계=자본이 부족하므로 그것을 급속히 늘림으로써 고도 경제 성장이 가능해진다. 이때 1960년대의 일본처럼 10퍼센트가 넘는 경제 성장률을 기록하기도 한다. 그러나 기계=자본의 한계 생산력이 점점 체감되면 이윽고 고도 경제 성장은 막을 내리고 저성장 시대를 맞이한다. 이 저성장 시대에는 기술 진보율에 상응한 경제 성장률만이 실현되며, 그 수치는 대략 2퍼센트 전후가 된다.

기존의 자본주의 경제 구조에 머물러 있는 한은 중국이든 인도든 언젠가 낮은 성장률에 정착하게 되는 것이다.

순수 기계화 경제에서의 경제 성장 ✤

다음으로 2045년경에는 어느 정도 실현될지도 모르는 순수 기계화 경제에 관해 생각해 보자. 이 경제의 구조는 [그림4-2]와 같다. 생산 활동에 필요한 인풋은 AI나 로봇 같은 기계뿐이며, 노동은 필요하지 않다. 이와 같은 경제에 관한 수리적 모델을 만들어서 경제 성장률을 계산해 보면, 설령 기술 진보율이 일정하더라도 매년 경제 성장률이 상승함을 알 수 있다.[34] 이것은 지금까지 인류가 경험해 보지 못한 일이다. 다시 한 번 말하지만, 지금까지의 자본주의 '기계화 경제'에서는 초장기적으로 봤을 때 성장률이 2퍼센트 정도에서 정착된다. 성장률이 매년 끝없이 상승하는 일은 일어난 적이 없다.

왜 이런 차이가 나타나는 것일까? 기계화 경제에서는 [그림4-1]과 같이 기계와 노동 양쪽이 인풋이 된다. 이 경제에서는 노동의 필요성이 1인당 GDP의 증가에 걸림돌이 되었다. 한편 순수 기계화 경제에서는 [그림4-2]와 같이 걸림돌이었던 노동을 버린 결과 폭발적인 경제 성장이 가능해진다. 기계만을 사용해서 자동으로 자동차를 생산할 수 있게 된다면 자동차의 생산량은 기계를 늘리는 것에 비례해서 증가할 것이다. 기계를 한 대 추가할 때마다 생산량이 계속 상승하는 것이다. 요컨대 한계 생산력은 체감遞減되지 않는다.

온갖 산업에서 노동이 불필요해지는 순수 기계화 경제는 기계=자본의 한계 생산력이 체감되지 않는 경제다. 그리고 이 경제에서는 기계=자본 자체가 산출물이므로 얼마든지 만들어낼 수 있다. [그림 4-2]의 '투자'라는 화살표의 순환에 주목하기 바란다. 이것은 말하자면 '기계의 기계 생산[35]'을 무한히 반복함으로써 생산 규모를 한없이 확대시키는 프로세스다. 기술의 진보를 통해 그 확대 속도가 빨라지므로 경제 성장의 속도도 빨라진다. 그래서 기술 진보율이 일정하더라도 경제 성장률은 계속 상승하는 것이다.

여기에서 잠시 보충 설명을 하면, 순수 기계화 경제 체제에서 매년 상승하는 경제 성장률은 정확히는 '잠재적인 성장률'이다. '수요 제약'을 고려하지 않은 것이므로 이 성장률이 그대로 실현되리라는 보장은 없다. 경제학에서는 일반적으로 장기적인 관점에서 보면 공급 측의 요인만이 GDP를 결정한다고 생각한다. 단기적으로는 수요 부족으로 GDP의 수준이 낮아지거나 경제 성장률이 떨어지는 일이 있을 수 있어도 장기적으로는 그런 일이 있을 수 없다는 생각이다. 그래서 기계가 자동으로 상품을 끝없이 만들어내더라도 수요 측이 그 공급을 따라잡지 못해서 장기적으로 GDP의 성장이 그만큼 정체되는 사태는 생각하지 않는 것이다.

그러나 나는 경제학을 지배하는 이런 공인된 가르침과 달리 장기적으로도 수요가 경제 성장에 제약이 될 수 있다고 생각한다. 특히 순수 기계화 경제에서는 더더욱 그런 사태가 발생하기 쉬워질 것이다. 앞 장에서 말했듯이, 수요 부족을 해소하는 데는 금융 정책이 효과적이다. 그런데 순수 기계화 경제에서는 통화량을 늘려서 소비 수요나 투자 수요를 확대시켜도 AI·로봇 같은 기계의 수요가 확대될 뿐 인간의 노동에 대한 수요는 거의 증가하지 않는다. 기계가 생산의 주력이 되었기 때문이다.

예외적으로 창조성이나 고객 감동의 측면에서 우수한 사람의 일자리는 늘어나고, 그들은 여기저기에서 모셔가려고 할 것이다. 그러나 기계와의 경쟁에서 밀려난 평균적인 노동자의 수요는 증가하지 않는다.

제2의 대분기

　순수 기계화 경제의 출현은 인류가 경험한 적이 없
는 미증유의 사태이며, 제1차 산업 혁명 이후의 경제 구조를 크게 바
꿀 것이라고 말할 수 있다. 제1차 산업 혁명 이전에도 경제 구조가 변
화한 적은 있다. 기원전 1만 년경에 시작된 '정착 혁명'이다(그림3-1).
정착 혁명을 통해 수렵·채집 중심의 경제에서 농업 중심의 경제로
전환됨에 따라 [그림4-4]와 같은 경제 구조가 되었다.

　서양 각국은 제1차 산업 혁명을 통해 기계와 노동이 생산 활동에
필요한 요소인 자본주의 경제로 이행함으로써 맬서스의 덫으로부터
벗어났다. 이후 제2차, 제3차 산업 혁명이 일어났지만, 인풋은 변함없
이 기계와 노동이었기 때문에 경제 구조에 커다란 변동은 보이지 않

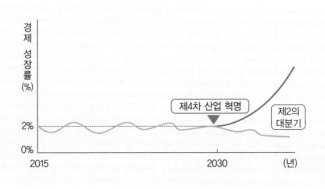

[그림4-5] **제2의 대분기**

경제 성장률(%)

제4차 산업 혁명

제2의 대분기

2%

0%

2015   2030   (년)

있다. 그러나 범용 AI가 제4차 산업 혁명을 일으킨다면 생산 활동에 필요한 인풋이 기계뿐인 순수 기계화 경제로 이행하게 된다. 이 경제에서는 성장률이 매년 상승한다.

만약 범용 AI를 도입한 나라와 그렇지 못한 나라가 있다면 [그림4-5]와 같이 격차가 벌어질 것이다. 최초의 대분기를 나타낸 [그림4-3]에서는 세로축이 1인당 GDP였는데, 이 그림에서는 세로축이 경제 성장률이다. 비슷한 그래프이지만 세로축이 다르다는 데 주의하기 바란다. 이와 같이 격차가 점점 벌어지는 것을 나는 '제2의 대분기'라고 부른다. 이 분기에서 범용 AI를 GPT로 빠르게 도입한 국가는 경제의 측면에서 압도적으로 힘이 강해져 도입이 늦어진 나라를 크게 앞서 나가게 될 것이다.

다만 [그림4-5]는 말하자면 이념적인 것이며, 현실에서는 2030년

이 되는 순간 갑자기 순수 기계화 경제로 이행되지는 않을 것이다. 범용 AI가 출현하기 이전에도 산업에 따라서는 생산의 자동화가 진행될 것이고, 어느 정도의 범용성을 지닌 AI는 2030년 이전에도 개발될 것으로 생각된다. 2030년 이전부터 서서히 일어난 변화는 2030년 이후 가속되며, 2060년경에는 순수 기계화 경제로 이행이 완료된다.

이와 같은 가정을 바탕으로 시뮬레이션을 해서 향후 일본 경제의 성장률을 그래프로 그릴 경우, [그림4-6]의 실선처럼 된다. 점선은 3장에서 이미 제시한 것으로, 이대로 경제 구조가 전혀 변화하지 않고 기술 진보율도 변화가 없을 경우의 향후 경제 성장률이다. 바꿔 말하면 [그림4-6]의 실선은 일본이 '제2의 대분기'의 상승 노선에 올라탔을 경우의 경제를, 점선은 정체 노선에 올라탔을 경우의 경제를 나타낸다.

19세기에 일어난 최초의 대분기에서는 GPT인 증기 기관 등의 기

[그림4-6] **일본의 경제 성장률에 관한 예측(상승 노선과 정체 노선)**

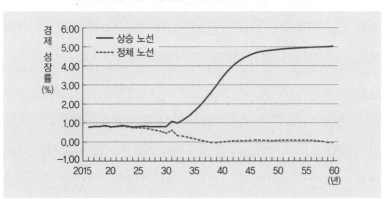

계를 도입한 서양 각국은 상승 노선에 올라탔고 그렇지 못한 나라들은 정체 노선을 걸었다. 서양 각국은 세계를 제패했고, 아시아와 아프리카 등 다른 지역은 서양 국가에 종속당해 먹잇감이 되었다. 일본은 증기 기관을 동력으로 삼은 배, 즉 증기선을 타고 온 서양인에게 개국을 압박당한 뒤 서양에 뒤처지면서도 대분기의 상승 노선에 올라탈 수 있었다.

제2의 대분기를 앞두고 "AI는 인류에 반기를 들거나 노동자로부터 고용을 빼앗을 것이므로 AI 기술의 연구 개발을 금지해야 한다."라는 네오 러다이트의 사고방식을 일본이 채택했다고 가정하자. AI 기술을 외국에서 도입하는 것도 금지한다. 요컨대 AI에 한정해서는 쇄국 정책을 취하는 셈이다. 그러면 일본은 제2의 대분기에서 뒤처져 정체 노선을 걷게 될 것이다. 일본이 이대로 'AI 쇄국 정책'을 지킬 수 있다면 평화롭게 살 수 있을지도 모른다. 그러나 상승 노선에 올라탄 나라들은 그 사이에 AI 개국을 압박할 것으로 생각된다. 증기선 대신 무엇을 타고 올지는 알 수 없지만 AI를 도입하라고 위협하는 것이다. 그 뒤로 일본이 반격에 성공할 가능성도 있지만, 최초의 대분기 당시의 아시아 · 아프리카 국가처럼 먹잇감이 될 가능성도 있다.

물론 이것은 상당히 만화적인 가정이다. 애초에 일본이 AI 쇄국을 할 수 있을 리가 없다. 현재의 중국이 구글 이용을 금지하듯이 해외의 다양한 정보 기술의 도입을 금지해야 하는데, 일본이 민주주의 국가로 남는 이상 그런 선택은 있을 수 없을 것이다. 그러나 일본이 AI

연구 개발을 게을리 한다면 정체 노선을 걷게 된다는 사실에는 변함이 없다.

일본이 제3차 산업 혁명에서 뒤처진 결과 일본 국민은 컴퓨터의 운영 체제로 마이크로소프트 윈도우, 인터넷 쇼핑은 아마존, 스마트폰은 아이폰, SNS는 페이스북과 트위터를 사용하며 살고 있다. 그리고 소비자가 이러한 제품과 서비스를 사용함으로써 발생하는 이익은 미국의 해당 기업이 가져가고 있다. 이러한 현실을 감안하면 일본이 제4차 산업 혁명에서 뒤처질 경우 일본 국민은 로봇이 일하는 무인 공장, 무인 점포를 소유한 외국 자본의 기업으로부터 상품이나 서비스를 구입할 수밖에 없는 처지가 될 것이다. 극단적으로 말하면 일본 기업이 전혀 수익을 내지 못해서 일본인이 돈을 벌 길이 막혀 버릴지도 모르는 것이다.

따라서 AI의 발달이 인류의 멸망을 초래할 위험성을 내포하고 있다고 해도 일본만이 AI의 연구 개발을 멈추는 것은 최악의 선택이 된다. 또한 일본만이 AI의 연구 개발을 금지한다고 해서 그 위험성이 사라지는 것도 아니다. 게다가 일본을 적대하는 나라나 테러 조직, 범죄 집단이 군사 로봇을 보유할 가능성이 있는 한, 일본은 그에 대항할 방위 수단을 갖추기 위해서도 AI의 연구 개발을 계속해야 할 것이다. 군사용 로봇을 직접 보유하지는 않더라도 상대가 사용하는 기술을 알아야 효과적인 대응이 가능하기 때문이다.

일본은 범용 AI 분야에서 우위에 서서 제4차 산업 혁명기를 선도

할 가능성을 지니고 있다. 그렇다면 그 가능성을 쓰레기통에 던져 버리지 말고 오히려 범용 AI의 연구 개발을 촉진해야 할 것이다. 그리고 그 기술을 평화적인 목적에 사용해 이 세상의 모든 사람들이 풍요롭게 살 수 있도록 힘써야 할 것이다. 나는 이것이 일본의 사명이라고 생각한다.

자본주의 2.0,
노동이 사라진 세계

2030년경에 제2의 대분기가 발생하고 어느 정도 시간이 지나면 일찌감치 범용 AI를 도입해 상승 노선을 달리는 나라뿐만 아니라 정체 노선을 걷는 나라도 늦게나마 순수 기계화 경제로 이행할 것이다. 그러나 후자는 외국 자본의 먹잇감이 되어 성장률의 상승을 기대할 수 없을지도 모른다. 만약 일본이 일찌감치 상승 노선에 올라탄다면 2045년경에는 순수 기계화 경제에 가까운 형태가 될 것이다. 앞에서도 이야기했듯이 인구의 10퍼센트 정도는 계속 일을 하고 있을지도 모르지만, 그 점은 일단 무시하고 이야기를 진행하자.

1장에서 자본주의를 '노동자가 기계를 사용해 상품을 생산하는 경제'로 정의했다. 그런데 순수 기계화 경제에 이르면 노동자가 기계를 사용하는 것이 아니라 기계가 노동자의 조작 없이 스스로 생산 활동을 하게 된다. 그런 의미에서는 자본주의가 소멸한다고도 말할 수 있다. 사회주의 같은 다른 경제 체제로 전환될 것까지도 없이 진화 끝에 자살하는 것이다. 혹은 다음 버전의 자본주의로 진화한다고도 말할 수 있다. 순수 기계화 경제는 '자본주의 2.0'인 것이다(그림3-1).

어쨌든, 순수 기계화 경제에서는 범용 AI · 로봇이 대부분의 노동을 하기 때문에 인간은 노동에서 해방된다. 레저나 취미로서의 일은 남겠지만 임금을 얻기 위한 노동은 거의 사라진다. 그때 우리의 눈앞에 나타날 사회를 '탈脫노동화 사회'라고 불러도 무방할지 모른다.

그런데 이런 의문이 생긴다. 노동이 사라진 세계를 살아가는 사람들은 대체 어디에서 소득을 얻게 될까? 사람들은 인생을 즐기면서 살 수 있게 될까? 아니면 단순히 기계에 일자리를 빼앗겨 굶어죽게 될까?

여기에서는 단순화를 위해 사람들을 노동자와 자본가로 나눠서 생각하자. 노동자는 임금 노동을 하는 사람, 자본가는 공장이나 점포, 회사 등을 소유하고 운전 자금을 제공하는 사람이다. 노동자의 수입원은 임금 소득이며, 자본가의 수입원은 이자와 배당이다. 물론 회사원이 주식 배당으로 용돈벌이를 하고 있는 현대의 경제에서는 마르크스Karl Marx가 살아 있던 19세기처럼 자본가 계급과 노동자 계급이 명확히 나뉘지는 않는다. 다만 그렇다고는 해도 노동을 하고 있지만 이자나 배당만으로도 생활이 가능한 극히 일부의 혜택 받은 사람이

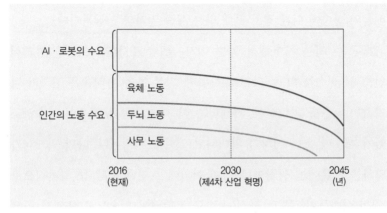

[그림4-7] **노동 수요의 감소화 경향**

있는 반면에 이자나 배당 수익이 있기는 하지만 그것만으로는 생활이 안 되기 때문에 먹고 살기 위해 일할 수밖에 없는 대다수의 사람이 있는 것은 틀림이 없다. 그런 현실을 감안하면 사람들을 '수입이 임금뿐인 노동자'와 '수입이 이자나 배당뿐인 자본가'라는 두 유형으로 나눠서 단순화해도 지장은 없을 듯하다. 범용 AI·로봇의 보급은 이러한 노동자나 자본가의 수입에 어떤 영향을 끼칠까? 노동자는 순수 기계화 경제에서 살아남을 수 있을까?

2045년의 미래에는 로봇이 상품을 만드는 무인 공장이 있어서 그 공장을 소유한 자본가만이 소득을 얻으며 노동자는 소득을 얻지 못할지도 모른다. [그림4-7]와 같이 AI·로봇에 대한 수요가 증가할수록 그것을 소유한 자본가의 소득도 증가한다. 한편 인간의 노동 수요가 감소함에 따라 노동자의 소득은 감소해 제로에 가까워진다. 이러한 장기적 경향은 피케티가 《21세기 자본》에서 제시한 '자본 소득 분배율의 상승에 따른 격차 확대'라는 실증 결과와 정합적이다.

소득은 '자본을 통해서 얻는 이자·배당 소득'과 '노동을 통해서 얻는 임금 소득'의 두 가지로 나뉘며, 자본 소득 분배율은 전자가 차지하는 비율을 의미한다. 피케티는 이 자본 소득 분배율이 상승하고 있기 때문에 소득 격차가 확대되고 있다고 지적했다. 다만 피케티가 말하는 자본에는 공장이나 기계 이외에 토지나 주택 등 일반적으로 '자산'이라든가 '부'로 불리는 것도 포함되어 있으므로 주의가 필요하다. 특히 영국이나 프랑스에서는 도시 지역의 토지를 소유해서 얻는 수익이 눈에 띄게 확대되고 있다.

공장이나 기계 같은 생산 수단의 소유자, 즉 경영자나 주주의 수익이 차지하는 점유율이 확대되는 경향은 현재도 볼 수 있다. 그러나 앞으로는 이 경향이 더욱 두드러질 것으로 생각된다. 노동자를 AI·로봇으로 대체할수록 노동자의 몫은 줄어들고 경영자나 주주의 몫은 늘어나기 때문이다. 현재의 미국에서 보이는 소득 격차의 상당 부분은 금융 업계나 IT 업계에서 일하는 엘리트 노동자와 다른 노동자 사이의 임금 격차에서 기인했다. 이와 같은 임금 격차는 한동안 확대되겠지만, 결국 순수 기계화 경제가 되면 양쪽 모두 임금 소득을 얻지 못하게 된다. 엘리트 노동자의 일부는 2045년의 시점에도 경영·관리나 창조성과 관련된 일을 계속할 것으로 생각되지만, 이미 전제했듯이 그 점은 무시하고 이야기를 진행하겠다.

그렇게 되면 2045년의 시점에 승리의 깃발을 올리는 쪽은 자본가가 된다. 과거에 마르크스와 엥겔^{Ernst Engel}은 노동자 계급이 혁명을 통해 자본가 계급에 승리함으로써 자본주의가 막을 내리는 미래를 전망했다. 그러나 이대로 간다면 그와는 반대의 일이 일어나게 된다. 노동자 계급은 임금 소득을 얻지 못하게 되어 소멸하고 자본가 계급이 모든 것을 손에 넣음으로써 자본주의가 막을 내리는 것이다.

모든 노동자는
굶어죽는다

순수 기계화 경제에서 임금 노동이 존재하지 않는 다는 말은 노동자가 임금 소득을 얻지 못한다는 의미다. 그럴 경우라도 상품의 가격이 제로라면 문제는 없다. 슈퍼마켓에 가서 필요한 상품을 가지고 오면 그만이기 때문이다. 진열 작업은 물론 로봇이 한다. 다만 2045년에는 슈퍼마켓이 존재하지 않을지도 모른다. 스마트폰이나 컴퓨터에서 원하는 상품을 클릭하면 드론이 배달해 줄지도 모르고, 좀 더 나아가면 그저 원하는 상품을 떠올리기만 해도 뇌에 접속된 단말기를 통해 상품이 발주될지도 모른다. 어쨌든, '코알라가 주변에 있는 유칼립투스 잎을 뜯어서 먹듯이[36]' 우리는 욕망이 이끄는 대로 자유롭게 상품을 소비하게 된다.

그러나 이런 형태의 유토피아는 찾아오지 않을 것이다. 2045년의 시점에도 물질이나 에너지, 토지 등은 유한하며, 따라서 상품의 가격도 제로는 아닐 가능성이 높기 때문이다. 공장이 서 있는 토지, 그곳에서 일하는 로봇의 재료인 금속, 로봇을 가동시키는 전기, 상품의 원재료 등이 공짜가 되지 않는다면 그런 공장이 공급하는 상품의 가격도 제로가 될 수 없다.

커즈와일은 미래가 되면 나노테크놀로지가 발달해 물질이나 에너지를 무한정 만들어낼 수 있게 될 것이라고 말했다. 3D 프린터로 분자·원자 층위의 조성이 가능해져서 무엇이든 만들어낼 수 있을 것이라는 장밋빛 미래를 이야기하는 사람도 있다. 그렇게 되면 우라늄이나 플루토늄 같은 핵무기의 재료도 조성할 수 있어 위험하지 않느냐는 생각도 들지만, 그런 걱정이 기우일 정도로 나노테크놀로지의 연구는 느리게 진행되고 있다.

GNR 중에 어떤 기술이 얼마나 빠른 진보를 보이느냐에 따라 경제·사회에 끼치는 영향이 달라진다. 교토대학의 야마나카 신야山中伸弥 교수가 발견한 iPS 세포가 상징하듯이 G(유전자 공학)는 이미 화려한 성과를 올리고 있으며, R(로봇 공학) 또한 각광을 받기 시작했다. 그러나 N(나노테크놀로지)은 이 두 가지에 비해 상당히 지지부진한 상태다.

AI 기술과 로봇 공학에 비해 나노테크놀로지의 진보가 크게 늦어진다면 AI·로봇에 고용을 빼앗겨 임금 수입을 얻지 못하게 되었는데 물가가 내려가지 않아 상품도 구입하지 못하는, 노동자에게는 지옥 같은 경제가 계속되게 된다. 게다가 어차피 공장이 서 있는 토지는 공짜가 될 수 없다. 따라서 나노테크놀로지가 발전해 상품 가격이 극적으로 하락할 가능성이 있다고 해도 완전히 제로가 되기는 불가능하다.

수입이 끊긴 노동자는 유료 상품을 구입하지 못한다. 순수 기계화 경제에 이르러 모든 노동자가 노동으로부터 해방되면 노동자는 착취당할 일이 없어지는 동시에 굶어죽을 수밖에 없게 된다. 사회 보장 제도도 전혀 없다면 그렇게 될 수밖에 없다. 그런 의미에는 차라리 착취당하고 있었을 때가 행복했다고도 말할 수 있다.

마르크스도 그가 살았던 19세기의 경제에 관해서이기는 하지만,

그 변덕이 필연적인 것이든 우연적인 것이든, 자본이 노동자에게 관심을 보이지 않게 되면 노동자는 노동을, 요컨대 임금을 잃는다. 게다가 그들은 인간으로서가 아니라 노동자로서 생존하고 있는 것이므로, 그들이 할 수 있는 일이라고는 자신을 매장해 달라고 부탁하거나 굶어죽는 것밖에 없다.[37]

라고 말했다. 노동자가 자본가에게 외면당하면 살아갈 수 없는 것은 과거에도 그랬고 현재도 마찬가지이며 미래에도 그럴 것이다. 다만 19세기의 경제와 다른 점은 노동자의 일부가 아니라 전원이 외면당한다는 것이다.

한편으로 순수 기계화 경제의 자본가는 노동자가 없어도 전혀 상관이 없다. 그들은 노동자 대신 기계를 전면적으로 사용해서 상품을 만들어내고 판매한다. 그 상품을 사는 존재 또한 자본가다. 분명히 노동자가 소비하지 않는 만큼 수요가 감소하므로 경제는 축소되고 자본가의 수익도 줄어들 것이다. 그러나 어쨌든 경제는 계속 돌아간다. 노동자 모두가 굶어죽더라도 자본가는 자신의 이익이 줄어드는 것을 아쉬워할 뿐 그 이상 곤란을 느끼지는 않는다.

이렇게 해서 순수 기계화 경제가 디스토피아가 된다면 그 미래에 이르는 길 또한 고난으로 가득할 것이다. [그림4-7]을 보면 알 수 있듯이 장기적으로는 사무 노동뿐만 아니라 육체 노동이나 두뇌 노동도 대부분 AI나 로봇에 빼앗길 것이기 때문이다. 이에 따라 자본 분배율은 증가하고 노동 분배율은 감소한다.

육체 노동이나 두뇌 노동은 앞으로 한동안은 증가할 가능성이 있다. AI나 로봇의 연구 개발 같은 두뇌 노동에 대한 수요가 증가할 것은 틀림이 없다. 그러나 2030년경에 범용 AI가 등장한다면 그 후에는 급속도로 온갖 고용이 사라지게 된다. 그리고 계속 감소하는 고용을 둘러싸고 모든 노동자가 참가하는 배틀로얄 같은 쟁탈전, '잡 워Job War'가 벌어질 것이다. 겁 많은 대학 교원인 나는 사회가 그런 방향으로 향하지 않기를 기도할 뿐이다.

The Fourth Industrial Revolution

5장

왜 인공 지능의 시대에
기본 소득제가 필요한가?

긴 안목으로 보면 인간이 하는 일을
기계가 전부 할 수 있게 된다.
그러나 그 무렵에는 이 문제를 생각하는 것도
기계의 일이 되어 있을 것이다.

폴 크루그먼 Paul Krugman,《경제학의 진실》

모든 사람이 풍요로운
사회는 가능한가?

앞 장에서 이야기했듯이, 범용 AI가 출현하는 2030
년경부터 순수 기계화 경제로 이행되기 시작되며 그 과정에서 수많
은 노동자가 기계에 일자리를 빼앗길 가능성이 있다. 이에 따라 자본
가의 몫은 한없이 커지며 노동자의 몫은 한없이 작아질 것이다. 이렇
게 되면 AI가 발달해 생산성이 폭발적으로 상승하더라도 자본을 가
진 소수의 사람들만이 풍요로워지고 다수파인 노동자는 오히려 빈곤
해지는 디스토피아가 찾아오게 된다.

내가 여기에서 강조하고 싶은 점은 AI가 고도로 발달한다고 해도
그것만으로 놀면서 살 수 있는 SF적인 미래가 자연스럽게 찾아오지
는 않는다는 것이다. 노동자가 굶어죽지 않게 하려면 가령 사회 보장

을 대부분의 국민에게 적용하는 등의 정책을 적극적으로 추진해야 한다. 그런데 이것이 최선의 방법이라고 할 수 있을까? 이 장에서는 어떻게 해야 모든 사람이 풍요를 누리는 사회를 만들 수 있을지 등에 관해 이야기해 보려고 한다.

생활 보호가 노동자를 구원할 수 있을까? ✟

먼저, 순수 기계화 경제로 이행한 뒤의 미래 사회에서 빈곤해진 많은 국민에게 생활 보호를 적용하는 정책이 타당한지에 관해 검토해 보자. 대다수의 국민에게 공짜 밥을 먹여 주면 아무도 일하지 않게 될 것이라든가 일본 경제가 파탄에 이르지 않겠느냐는 의문이 생길지도 모르지만, 이것은 불필요한 걱정이라고 할 수 있다. 애초에 노동이 불필요해져서 노동자가 살 수 없게 된 까닭에 사회 보장이 필요해지는 것이기 때문이다. AI의 발달로 생산력이 비약적으로 상승해 노동이 불필요해진 경제에서 노동자가 일하지 않고 생활 보호를 받으며 사는 것은 오히려 이치에 맞는 생활인 것이다.

그럼에도 생활 보호가 순수 기계화 경제의 시대에 적합한 제도라고는 말할 수 없을지도 모른다. 현행의 생활 보호 제도는 다양한 문제점을 지적받고 있다. 발달한 AI에 고용을 빼앗겨 수입원을 잃은 사람이 늘어나면 생활 보호 적용 대상을 확대해야 하게 되고, 그에 따라 이 제도의 문제점도 커질 것이다.

생활 보호를 적용할 때는 구제해야 하는 사람과 구제하지 않아도 되는 사람을 선별해야 한다. 그런데 '자력資力 조사'라고 부르는 이러한 선별은 막대한 행정 비용이 들어감에도 종종 실패로 끝난다. 부정 수급이 매번 지적되는 한편으로 일은 하지만 생활 보호 수급 기준 이하의 소득밖에 올리지 못하는 소위 워킹푸어가 방치되어 매년 굶어 죽는 사람이 생기고 있다.

순수 기계화 경제의 시대에 생활 보호 제도를 통해 빈곤을 막으려 한다면 그 적용 대상은 국민의 대부분이 된다. 따라서 방대한 양의 자력 조사 작업이 발생한다. 물론 그 작업을 AI가 담당할 수 있다면 행정 비용은 그다지 들지 않는다. 그래도 AI가 인간의 지능과 동등한 수준으로 만능은 아니기 때문에 생활 보호를 적용해야 할 사람에게 적용하지 않고 적용하지 말아야 할 사람에게 적용하는 등의 선별 실패가 다수 발생할 것은 거의 확실하다.

애초에 부자와 가난한 사람 사이에 명확한 선이 그어져 있지는 않다. 연수입이 1엔도 없지만 자산이 2,000만 엔인 사람은 부자일까, 가난한 사람일까? 자신은 소득도 자산도 전혀 없지만 연수입이 3,000만 엔인 형제가 있는 사람은 부자일까, 가난한 사람일까? 그 형제와 함께 살 경우, 따로 살 경우, 절연했을 경우, 절연하지 않았을 경우 등 다양한 상황에 맞춰서 적절한 판단을 해야 하는데, 그런 판단은 인간에게나 AI에나 어려운 일이다. 따라서 미래의 사회에서 노동자 대부분의 빈곤화라는 사태에 대처하기 위해 생활 보호 같은 기존의 제도를 확충할 경우, 지금보다 훨씬 많은 사람이 굶주림에 시달리는 동시에 많은 사람이 부당한 이익을 얻게 될 것으로 예상된다. 이와 같이 기존의 제도를 유지하는 방식으로는 AI의 발달과 함께 원래부터 안고 있었던 문제점이 더욱 커지는 결말이 예상된다. 그렇다면 근본적인 제도 개혁이 필요할 것이다.

순수 기계화 경제에 걸맞은 제도가 있다고 한다면 그것은 소련형 사회주의가 아니겠느냐고 생각하는 사람도 있을지 모른다. '자본=생산 수단'을 국유화하는 사회주의 시스템이 소련이나 동유럽 국가에서 실패로 끝난 것은 분명한 사실이지만, 노동의 대부분이 필요 없어진 순수 기계화 경제의 시대에는 효과적으로 기능하지 않겠느냐는 생각이다. 다음에는 이 점에 대해 검토해 보도록 하자.

소련형 사회주의는
부활할 수 있을까?

　　순수 기계화 경제의 시대에는 로봇만이 일하는 무인 공장 같은 자본을 소유하지 않은 사람은 소득을 얻지 못한다. 따라서 자본=생산 수단을 국가가 소유하는 방안을 해결책으로 생각할 수 있다. 민간 기업을 없애고 전부 국유화시킨 다음 국영 기업이 얻는 이익을 국민에게 평등하게 분배하면 어떻겠느냐는 생각이다.

　소련형 사회주의는 소득의 평등을 지향한 결과 아무도 일하려 하지 않게 되어 실패했지만, 노동이 필요가 없어진 순수 기계화 경제의 시대에는 사회주의가 성공하지 않겠느냐고 생각하는 사람이 있을 것이다. 그런데 세간의 인식과 달리 소련형 사회주의는 소득을 평등하게 만드는 경제 체제가 아니다. 사회주의와 비교해서 자본주의는 노력과 능력에 따라 보수를 받을 수 있는 경제 체제라고 생각하는 사람이 많다. 그러나 사실은 조금 다른 것이, 자본주의는 본인의 능력과 노력 이외에 연줄이나 운, 상속받은 재산 등 모든 것을 무기로 삼아서 돈을 벌어들일 수 있는 종합 격투기 같은 경제 체제다. 그에 비해 소련 등의 사회주의 국가에서는 노력과 능력(즉 노동의 성과)에 따라 보수를 얻을 수 있는 경제 체제를 지향했다.

소련형 사회주의가 실패한 주된 요인은 소득의 평등이 아니라 자본=생산 수단을 국유화한 체제가 '계획 경제'를 채용할 수밖에 없게 만들었다는 점이다. 이 경제 체제에서는 기업의 대부분이 국유 기업(혹은 공영 기업)이 되므로 정부가 생산량이나 가격을 결정할 필요가 있다. 그런 결정을 하는 정부 기관을 일반적으로 '중앙 계획 당국'이라고 한다. 중앙 계획 당국이 가격이나 생산량을 결정하는 이런 '계획 경제'는 복수의 민간 기업이 경쟁하며 시장의 자율적인 조정 메커니즘에 따라 가격과 생산량이 결정되는 '시장 경제'와는 전혀 다르다. '시장 경제'에서는 수요와 공급에 관한 정보를 각 점포와 기업이 갖고 있다. 수요가 공급에 비해 많으면 가격을 올리고 적으면 가격을 내리는 최적 가격을 모색하는 작업을 각 경제 주체가 실시한다. 그리고 그 결과 풍선껌은 100엔 전후 같은 식으로 시장 전체의 시세가 결정된다.

이와 같이 시장 경제는 각 경제 주체가 개별적으로 의사 결정을 하기 때문에 '분권적인 경제'라고 불린다. 한편 계획 경제는 가격이나 생산량에 관한 결정권이 중앙 계획 당국에 집중된 '집약적인 경제' 다. 계획 경제가 성공하느냐 실패하느냐는 권한이 집중된 중앙 계획 당국이 분권적인 시스템인 시장 경제를 인위적으로 재현할 수 있느냐에 달려 있다. 계획 경제가 시장 경제처럼 원활하게 기능할 수 있느냐는 문제를 둘러싼 일련의 논쟁을 '사회주의 경제 계산 논쟁'이라고 한다. 이 논쟁에는 미제스Ludwig von Mises, 랑게Oskar R. Lange, 하이에크Friedrich Hayek 같은 경제학자들이 참여했다.

오스트리아의 경제학자인 프리드리히 하이에크는 가격을 결정하기 위해 필요한 수요와 공급에 관한 무수한 정보를 한 곳에 집중시키기는 현실적으로 불가능하다고 말했다. 그리고 이와 같은 정보의 국한성 때문에 계획 경제에서는 타당한 가격을 결정할 수 없다고 주장했다.[38]

이 세계에서는 단 한 번도 완전히 똑같은 상태가 반복되지 않는다. 오늘의 거리가 어제 본 거리와 완전히 같은 경우는 없다. 햇살의 세기, 가로수의 나뭇잎 수, 도로에 주차되어 있는 자전거의 수 등 세세한 부분에서 무수한 차이를 발견할 수 있다. 혹은 이 거리와 저 거리가 역 앞에 서점과 오락실이 있고 도로변에 쇼핑몰이 있다는 등의 공통점을 지녔더라도 모든 측면에서 단 한 치의 오차도 없이 똑같을 수는 절대 없다. 그렇다면 지금 이 장소에서 적확한 판단을 내릴 수 있는 존재는 지금 이 장소에 있는 사람뿐인 셈이 된다. 따라서 현장에 있는 각각의 경제 주체가 의사 결정을 하는 분권적인 시스템이 더욱 효과적이라고 할 수 있다.

　실제로 자본주의 경제 체제 속의 기업들은 특히 최근 들어서 분사화分社化를 통해 의사 결정을 분권화하는 경향을 보이고 있다. 한편 계획 경제의 경우는 반대로 의사 결정이 한 곳에 집중되어 있기 때문에 효율이 나쁠 수밖에 없다.

　계획 경제 체제에서 분권적 경제 시스템인 시장 경제를 재현하는 것이 불가능함은 하이에크가 이론적으로 제시했을 뿐만 아니라 소련의 붕괴를 통해 실제로 확인되기도 했다. 결국 인간의 능력으로는 벅찬 일이었던 것이다. 블라디미르 레닌Vladimir Lenin과 함께 러시아 혁명을 주도했던 레프 트로츠키Lev Trotsky는 혁명의 반대 세력을 향해 "네 놈들은 역사의 쓰레기통에 처박힐 것이다."라고 선언했지만, 실제로는 그로부터 약 70년 후 그들이 건설한 사회주의 국가가 통째로 '역사의 쓰레기통에 처박히고' 말았다. '인간의 보이는 손'은 '신의 보이지 않는 손'을 대신할 수 없었기에 사회주의 체제의 붕괴는 피할 수 없는 결과였다.

　이러한 점을 감안하면 순수 기계화 경제라는 기틀 위에 소련형 사회주의 같은 체제를 구축한들 바람직한 결과는 얻지 못하리라고 생각할 수 있다. 다만, 중앙 계획 당국에 온갖 공장과 점포의 현장 정보를 속속들이 알고 공급량이나 가격을 완벽히 관리해 주는 신과 같은 지성의 초超AI가 있어서 그 초AI님에게 모든 일을 맡긴다면 만사가 순조롭게 진행될 것이다. 하이에크도《개인주의와 경제 질서》에서,

'어디에나 존재하고 모든 것을 알고 있을' 뿐만 아니라 전능하기도 해서 단 한 번도 기대를 저버리는 일 없이 모든 가격을 딱 필요한 만큼만 조정할 수 있는 집단주의적 경제의 지령 기관을 생각하는 것 자체는 논리적으로는 불가능하지 않다.

라고 말했다. 전지전능한 신과 다름없는 지성의 초AI라면 그런 지령 기관(중앙 계획 당국)의 임무를 완벽히 수행할 수 있을 터이며, 그럴 경우 '신이나 다름없는 AI의 보이는 손'이 '신의 보이지 않는 손'을 대신해 경제 시스템을 좋은 방향으로 관리해 줄 것이다.

그러나 우리는 2045년 시점의 AI가 생명의 벽을 뛰어넘지 못할 것이며 따라서 인간에 비해 떨어지는 부분이 있을 것이라고 가정했다. AI는 생산 활동의 주력이기는 하지만 유대 크리스트교가 숭배하는 전지전능한 신 야훼와 같은 절대적인 존재는 아니다. AI를 더욱 발달시키려는 연구 개발자의 노력은 계속될 것이며, 다신교처럼 다종다양한 AI가 존재할 것이다.

또한 지금까지 무시해 온 10퍼센트 정도의 노동하는 인간의 존재도 고려해야 한다. 그들은 기업을 경영하거나, 이노베이션을 일으키거나, 신상품을 기획하거나, 영화를 만들거나, 보육 또는 돌봄에 종사하고 있을 것이다. 그런데 기업이나 조직을 국유화하고 중앙 계획 당국이 모든 것을 관리하는 집권적인 경제로 이행하면 분권적인 경제의 강점은 사라지고 만다. 그 결과 가격이 적절하게 설정되지 않을

뿐만 아니라 국소적인 정보를 바탕으로 한 상품 · 서비스의 개선이나 이노베이션이 일어나기 어려워져 소련과 똑같은 실패를 반복하게 될 것이다.

요컨대 순수 기계화 경제로 이행하는 과정에서 이미 '역사의 쓰레기통'에 버려진 소련형 사회주의를 다시 꺼내 재활용한들 바람직한 결과는 얻지 못할 것이다.

쿠폰형 시장사회주의의 가능성

다만 소련형 사회주의가 사회주의의 유일한 길은 아니다. 미국의 경제학자인 존 로머John Roemer가 1990년대에 제안한 사회주의는 소련형 사회주의와는 크게 다르며, 이것을 '쿠폰형 시장사회주의'라고 부른다.

소련형 사회주의는 착취를 없애기 위해 기업을 국유화하고 중앙 계획 당국이 집권적으로 경제를 관리한 결과 실패로 끝났다. 그래서 로머는 경제 활동을 분권적으로 실시하는 경제, 즉 시장 경제를 유지하는 가운데 착취를 없애는 경제 체제인 '쿠폰형 시장사회주의'를 고안했다.

로머는《새로운 사회주의의 미래》에서 이렇게 말했다.

기업의 이윤은 개인 주주에게 배당된다. 먼저 정부가 모든 성년 시민에게 일정수의 쿠폰(교환권)이나 바우처(증표)를 배포하고, 시민은 그것을 정규 통화가 아닌 쿠폰으로 가격이 표시된 기업의 주식을 구입하는 데 사용한다.

각 개인의 쿠폰 투자 주식 증권은 당사자가 사망할 경우 국고에 귀속되며, 성년에 이른 새로운 세대에게는 계속적으로 쿠폰이 배부될 것이다.

요컨대 이 체제에서는 국민 전원이 주주다. 성인이 되면 정부로부터 주식을 구입할 수 있는 쿠폰을 받을 수 있다. 주식을 사고파는 것은 자유이지만, 판 돈으로 소비재를 살 수는 없다. 자본가를 박멸하고 국민 전원을 노동자로 만드는 소련형 사회주의와는 반대로 국민 전원이 강제로 자본가가 되며 자본가를 그만두기는 불가능한 제도다. 다만 주식은 상속이 금지되어 있어서 소유자가 사망하면 국가에 반환된다.

로머가 제안한 이 쿠폰형 시장사회주의는 소련형 사회주의의 결점을 극복했다. 분권적 경제의 강점은 남겨두면서 모든 국민을 자본가로 만듦으로써 '착취하는 쪽=자본가'와 '착취당하는 쪽=노동자'라는 두 계급의 대립을 해소하는 체제다. 로머가 AI의 발달을 염두에 두고 이 체제를 제안한 것은 아니지만, 지금으로서는 자본가만이 수입을 얻을 수 있는 순수 기계화 경제에 적합한 체제라고 할 수 있을 듯하다.

AI가 고도로 발달한 미래를 머릿속에서 그려 보고 그때가 되면 노동자들은 먹고 살 수 없게 되니 국민 전체가 주주가 되어야 한다는 결론에 이른 사람은 적지 않다. 이 책에 종종 등장한 미국의 AI · 로봇 연구자 한스 모라벡은 미국의 유명한 엔지니어인 제임스 알버스^{James} Albus의 "산업이 완전히 자동화됨에 따른 폐해를 회피하기 위해서는 모든 국민에게 자동화된 기업의 주식을 소유케 함으로써 전원을 자본가로 만드는 방법이 효과적이다.[39]"라는 발언을 소개했다. 또 타일러 코웬은 《평균은 끝났다》에서 기계가 인간의 노동을 완전히 대체하게 된 경제에 관해,

모든 사람이 기계의 소유권을 일부씩 갖게 된다면 디스토피아가 아닌 유토피아가 출현할지도 모른다. 혹은 정부가 기계의 소유권을 갖고 그에 따른 수입을 사용해서 기계의 소유권을 갖지 못한 사람들, 기계와의 경쟁에서 밀려나 일자리를 구하지 못하는 사람들을 구제하게 될지도 모른다.

라고 말했다. 후자인 '정부가 기계의 소유권을 갖는' 체제는 소련형 사회주의에 가깝지만, 전자인 '모든 사람이 기계의 소유권을 일부씩 갖는' 체제는 쿠폰형 시장사회주의와 비슷하다. 기계를 소유한다고 해서 아파트의 좁은 방에 그 기계를 둘 필요는 전혀 없으며, 기계를 보유한 기업의 주식을 소유하면 되기 때문이다.

이렇게 보면 로머의 '쿠폰형 시장사회주의'는 매우 유망한 체제로 생각된다. 그러나 이 체제에도 몇 가지 문제점이 있다. 첫째는 정치적인 실현 가능성인데, 이 제도를 시작하려면 기존의 주주로부터 주식을 몰수해야 한다. 이것은 사적 소유권을 침해하는 일이므로 필연적으로 거대한 정치적 저항이 발생할 수밖에 없다. 그렇다면 '쿠폰형 시장사회주의' 체제로 전환할 때도 과거에 러시아나 중국, 캄보디아 등지에서 일어났던 묵시록적인 혁명이 필요할지 모른다. 그 과정에서 얼마나 많은 피가 흐를지 알 수 없다. 현실적으로 가능한 방법은 고작해야 상속세의 일부로 몰수한 주식을 재분배하는 것 정도일 것이다.

문제는 정치적인 실현 가능성에 그치지 않는다. 주식에서 얻는 수입은 매우 불안정하다. 주가가 하락하면 손실이 발생하고, 기업이 적자이면 배당은 제로가 된다. 기업이 도산하면 그 주식의 가치는 휴지 조각이나 다름없어진다.

순수 기계화 경제에서 '쿠폰형 시장사회주의' 체제를 도입할 경우 국민 대부분의 수입원은 주식뿐이므로 주가나 배당의 여하에 따라서는 먹고살 수 없게 될 수 있다. 그렇다면 이 체제에서도 생활 보호 같은 사회 보장 제도가 필요해진다. 주식 배당은 사람들의 생활을 지켜주는 '최후의 보루Last Defense 40'가 될 수 없는 것이다.

기본 소득제란
무엇인가?

나는 순수 기계화 경제에서 노동자의 소득을 보증하기에 가장 적합한 제도는 '기본 소득제Basic Income'라고 생각한다. '기본 소득제'는 수입의 수준과 상관없이 모든 사람에게 최소한의 생활비를 일률적으로 지급하는 제도를 의미한다. 또 세대가 아니라 개인을 단위로 지급한다는 특징이 있다. 가령 한 달에 7만 엔이면 7만 엔을 남녀노소 불문하고 국민 모두에게 지급하는 방식이다. 기본 소득제를 '자녀 수당+성인 수당', 즉 '전 국민 수당'이라고 생각하면 이해가 쉬울 것이다.

기본 소득제의 초기 제안자는《상식론》으로 유명한 18세기 미국의 정치학자 토머스 페인Thomas Paine과《아동의 권리》등의 책을 쓴 18세기 영국의 급진적인 정치 사상가 토머스 스펜스^{Thomas Spence}다.⁴¹ 그리고 기존 소득제의 현대적인 기원은 캐나다의 사상가인 클리퍼드 휴 더글러스^{Clifford Hugh Douglas}가 말한 '국민 배당(공적인 수익의 배분)'과 노벨상을 수상한 미국의 경제학자 밀턴 프리드먼^{Milton Friedman}이 제창한 '부負의 소득세(저소득자가 마이너스의 세금, 즉 돈을 받을 수 있는 제도)'이다.

기본 소득제는 사회 보장 제도의 일종이지만 '국민 배당'이라는 의미로도 사용된다. 가령 이란이나 알래스카 등지에서는 정부가 석유 등의 천연 자원에서 얻은 수익을 국민 또는 주민에게 분배하고 있는데, 이것도 기본 소득제의 일종으로 규정할 수 있다. 요컨대 기본 소득제는 '사회 보장 제도의 측면' 외에 '국민 배당의 측면'도 있는 것이다. 더글러스의 제안은 후자의 측면이 강했다.

최소한의 생활비를 보장하는 기본 소득제를 채용한 주요국은 아직 없다. 다만 미국에서는 1968년에 제임스 토빈^{James Tobin}과 존 케네스 갤브레이스^{John Kenneth Galbraith} 같은 좌파부터 밀턴 프리드먼과 프리드리히 하이에크 같은 우파에 이르기까지 1,200명이 넘는 경제학자가 정부에 기본 소득제의 도입을 요구한 적이 있었다. 이것은 이데올로기적으로 좌파이든 우파이든 논리적으로 경제 문제를 분석할 수 있는 사람이라면 모두가 기본 소득제의 유효성을 이해할 수 있음을 증명하는 사례로 생각된다. 제안을 받은 닉슨^{Richard Nixon} 대통령은 '가족 부조 계획^{Family Assistance Plan, FAP}'이라는 형태로 기본 소득제를 도입하기 위해 최선을 다했지만 반대도 많았기 때문에 결국 단념할 수밖에 없었다.

이후에도 미국과 유럽에서는 기본 소득제에 관한 논쟁이 활발히 진행되었으며, 2016년은 '기본 소득제 원년'이라고 해도 과언이 아닐 만큼 분위기가 고조되었다. 네덜란드의 경우, 2016년 1월부터 위트 레흐트 등 몇몇 도시에서 기본 소득제가 시험적으로 도입되었다. 스위스에서는 2016년 6월에 기본 소득제의 도입 여부를 묻는 국민 투표가 실시되었지만 안타깝게도 부결되었다. 핀란드에서는 정부가 기본 소득제의 대규모 실험 준비에 착수했으며, 미국도 실험을 계획하고 있다.

서양에 비해서는 늦어지고 있지만 일본에서도 2008년경부터 기본 소득제가 주목 받기 시작했다. 처음에는 주로 인문계 학자들이 사상적으로 기본 소득제를 논했지만, 최근에는 경제학자가 생활 보호보다 효율적인 제도로서 기본 소득제를 추천하는 일이 많아졌다. 기본 소득제를 지지하는 일본의 경제학자로는 와세다 대학 교수인 와카타베 마사즈미, 메이지 대학 준교수인 이다 야스유키飯田泰之, 와세다 대학 교수를 역임했으며 일본은행 심의위원인 하라다 유타카原田泰, 리쓰메이칸 대학 교수인 마쓰오 다다스松尾匡 등이 있다. 이 가운데 사회주의자는 마쓰오 다다스뿐이라는 점에서도 일본의 기본 소득제 지지자 또한 좌파에 국한되지 않음을 알 수 있다. 특히 주목해야 할 사람은 하라다 유타카로, 그는 2015년에 《기본 소득제ベーシック・インカム》라는 책을 출판했다. 기본 소득제에 관한 책을 쓴 사람이 일본은행 같은 중요한 정부 기관에서 정책 결정을 담당하고 있다는 사실은 커다

란 희망을 품게 한다. 물론 일본은행이 기본 소득제의 도입 결정에 관여할 수 있는 것은 아니지만……

　나 역시 기본 소득제는 훌륭한 사회 보장 제도이므로 AI가 발달하든 그렇지 않든 최대한 빠르게 도입해야 한다고 생각한다. 그래서 지금부터 잠시 AI에 관한 이야기에서 벗어나 기본 소득제가 생활 보호와 비교했을 때 어떤 우위성이 있는지, 또한 재원 문제는 없는지 같은 점에 관해 논하려 한다.

기본 소득제의 우위성 ⚜

　기본 소득제를 사회 보장 제도의 일종으로 볼 경우, 이것을 '보편주의적 사회 보장'으로 규정할 수 있다. 생활 보호가 '선별주의적 사회 보장'인 것과는 대조적이다. 생활 보호의 온갖 문제점은 그것이 '선별주의적'이기 때문에 발생한다. 한편 기본 소득제는 '보편주의적'이기 때문에 생활 보호의 문제점을 극복할 수 있다.

　기본 소득제에서는 노동을 하고 있는지 하고 있지 않는지, 병에 걸렸는지 걸리지 않았는지 묻지 않는다. 부자인지 가난한지도 상관하지 않는다. 전 국민에게 골고루 지급되기 때문에 누락이 없으며 아무도 굴욕을 느끼지 않는다. 또 노동을 하더라도 수급액은 감소하지 않으므로 노동 의욕을 해칠 가능성도 낮다.

또한 기본 소득제에서는 빈곤의 이유를 묻지 않는다. 프리드먼은 《자본주의와 자유》에서,

빈곤을 줄이려 한다면 그것만을 목적으로 삼은 프로그램을 준비해야 한다. 가난한 사람은 어쩌면 농민일지도 모른다. 그러나 농민이어서가 아니라 가난하기 때문에 구제하는 것이다. 특정 직업, 연령층, 임금층, 노동 단체, 산업에 소속된 사람을 구제하는 것이 아니라 어디까지나 가난한 사람을 구할 수 있는 프로그램을 설계해야 한다.

라고 말했다. 농민이 가난하니까 농민을 부양하자거나 고령자는 빈곤하므로 고령자를 부양하자는 식의 생각은 잘못되었다는 것이다. 정부가 진정으로 빈곤을 줄이려 한다면 이유를 불문하고 가난한 사람을 모두 부양해야 한다고 프리드먼은 주장했다.

사람은 홀어머니 가정이나 실업, 노령 같은 다양한 이유로 빈곤에 빠진다. 현재는 이런 식으로 이유가 명확한 빈곤에 대처하기 위해 아동 부양 수당이나 실업 수당, 연금 등이 제도화되어 있다. 그러나 정부가 인정한 것 이외의 이유로 빈곤에 빠졌을 경우는 구제를 받지 못한다.

만약 모든 사람이 지급 대상이 된다면 이런 제도는 불필요해진다. 기존의 각종 사회 보장 제도를 폐지하고 기본 소득제를 도입할 수 있다면 사회 보장에 관한 행정 제도는 지극히 간소화된다. 사회 보장을

위해 필요한 사무 절차나 행정 비용도 크게 절감된다.

다만 모든 사람을 구제한다고는 해도 기본 소득제는 어디까지나 빈곤에 대처하는 제도일 뿐 그 이상은 아님에 주의할 필요가 있다. 사회 보장은 크게,

- 빈곤자 지원
- 장애인 지원

의 두 가지로 나눠서 생각할 수 있다.[42] 실업이나 홀어머니 가정은 '빈곤'을 초래하는 요인으로 생각할 수 있다. 노령이나 질병, 거동 불편, 신체장애는 '빈곤'을 초래할 뿐만 아니라 의료비의 증가나 그 자체의 고생도 문제가 되므로 그 부분에 관해서는 '장애Handicap'로 분류하는 것이 적당하다. 기본 소득제는 빈곤자 지원을 전부 대신할 수 있지만, 장애인이나 부상자·병자의 지원을 대신할 수는 없다. 따라서 기본 소득제를 도입하더라도 후자에 관해서는 기존의 제도가 유지될 필요가 있다.

재원은 문제가
되지 않는 이유

　　다음으로 재원 문제를 생각해 보자. 새로운 정책을 도입할 때는 항상 그 재원이 문제가 되는데, 나는 정말 한심한 일이라고 생각한다. "재원은 한정되어 있다."라는 말이 있지만, 사실 재원은 한정되어 있지 않다. 증세를 하면 그만이기 때문이다(적자 국채를 재원으로 삼는 것도 불황일 때는 오히려 유익할 수 있다). 국민 생활을 향상시키는 정책이라면 증세를 해서라도 실시해야 한다. 물론 증세 자체가 국민 생활에 끼칠 영향은 고려해야 하지만, 기본 소득제가 증세의 부담을 고려하더라도 국민 생활을 향상시키는 훌륭한 사회 보장 제도라면 실시하지 않는다는 선택은 있을 수 없다고 생각한다.

　　그러나 지나치게 심한 변화는 국민 생활에 예기치 못한 영향을 끼칠 가능성이 있다. 기본 소득제를 도입할 때도 지급액을 1인당 월 1만 엔부터 서서히 늘려 나가는 등의 방법으로 변화가 점진적이 되도록 해야 할 것이다. 갑자기 한 달에 40만 엔씩 지급하면 순식간에 하이퍼 인플레이션이 발생해 경제가 파탄에 이를지도 모른다.

기본 소득제의 지속 가능성에 관한 논란은 전부 인플레이션의 문제로 귀결된다. 기본 소득제의 지급액이 많으면 노동을 하지 않는 사람이 늘어날 것이다. 그렇게 되면 한 나라의 생산 활동이 감퇴해 총공급이 줄어든다. 총공급이 줄어들어 총수요에 비해 부족해지면 인플레이션이 발생한다. 또한 기본 소득제의 지급액이 많으면 그만큼 소비 수요가 증가할 가능성이 있다. 그렇게 총수요가 증가해 총공급이 부족해지면 역시 인플레이션이 발생한다.

"기본 소득제를 도입하면 일하지 않는 사람이 늘어날 것이다."라든가 "하이퍼 인플레이션이 발생할 것이다." 같은 비판이 종종 나오는데, 그렇게 될지 안 될지는 지급 금액에 달려 있다. 월 1만 엔 정도라면 일하지 않는 사람이 눈에 띄게 증가하거나 하이퍼 인플레이션이 발생할 가능성은 매우 낮을 것이다. 그러나 월 40만 엔 정도를 지급한다면 그 가능성은 높아진다. 요컨대 기본 소득제의 지급액을 하이퍼 인플레이션이 발생하지 않을 정도로 유지할 필요가 있다. 일반적으로는 2~3퍼센트 정도가 적절한 물가 상승률로 알려져 있다. 나는 월 7만 엔 정도를 지급한다면 그런 목표 물가 상승률을 크게 웃도는 하이퍼 인플레이션은 발생하지 않을 것으로 예상한다. 그러나 실시해 보지 않으면 어떻게 될지 알 수 없다(당연한 말이지만, 물가 상승률은 금융 정책의 영향도 받는다). 그렇기 때문에 1만 엔 정도부터 지급액을 서서히 늘려 나가는 점진적인 도입이 필요한 것이다.

다만 여기에서는 1인당 월 7만 엔을 하이퍼 인플레이션 없이 실현했다고 가정하고 기본 소득제의 재정적인 측면에 관해 좀 더 검토해 보도록 하겠다. 이 경우 전 국민에게 지급되는 기본 소득의 총액은 연간 100조 엔 정도가 된다. 그리고 이것을 소득세나 소비세 등의 세수로 충당한다고 가정하자. 100조 엔의 세수는 부담이 너무 크므로 무리라고 단념할 필요는 없다. 주목해야 할 것은 단순한 증세액이 아니라 증세액과 지급액의 차액이다. '지급액 – 증세액'이 플러스라면 순수익이, 마이너스라면 순부담이 개개인에게 발생한다. 이 차액의 전 국민 평균은 이론적으로 제로가 된다.

요컨대 국민 전체를 기준으로 보면 이익도 손해도 발생하지 않는다는 말이다. 그러나 부자일수록 증세액이 증가한다면 부유층은 마이너스(손해)이고 빈곤층은 플러스(이익)가 된다. 중간층은 대략 플러스마이너스 제로다. 자신이 낸 세금이 기본 소득이 되어 부메랑처럼 자신에게 돌아올 뿐이다.

그렇다면 생활 보호처럼 단순히 부유층에서 빈곤층으로 소득을 재분배하면 그만이지 이렇게 쓸데없이 큰돈을 뿌릴 필요는 없지 않느냐고 생각하는 사람도 있을지 모른다. 그러나 생활 보호는 기본 소득제보다 실질적인 비용이 더 들어간다. 왜 그럴까?

먼저, 1인당 월 7만 엔의 기본 소득을 지급하기 위해 필요한 100조 엔은 실질적인 비용이 아니다. 돈은 써도 사라지지 않기 때문이다. 내가 쓴 돈은 다른 누군가의 소득이 된다. 국가가 사용한 돈도 누군가의 소유물이 된다. 이 세상에서 사라지지는 않는다. 이 경우 전 국민이 낸 100조 엔이 전 국민에게 돌아올 뿐이다. 한 나라를 한 개인이나 기업으로 치환해서 생각하지 않도록 주의하기 바란다. 한 개인이 사용한 돈은 그 개인에게서 사라져 없어지지만, 나라 전체를 기준으로 봤을 때는 사라져 없어진 것이 아니다. 이 점을 감안하지 않으면 기본 소득제의 효율성을 이해할 수 없다.

한편 생활 보호 같은 재분배의 경우, 선별을 위한 행정 비용이 들어간다. 이것은 실질적인 비용으로, 앞에서도 이야기했듯이 가난한 사람과 그렇지 않은 사람을 선별하기 위해 들어가는 비용은 무시할 수 없는 수준이다. 한 나라의 경제에서 실질적인 비용이라는 것은 돈을 쓰는 것이 아니라 노력을 소비하는 것이다. 다만 기본 소득 제도 행정 비용이 제로는 아니다. 지급에 필요한 사무 절차 등에 얼마나 노력이 들어갈지가 문제가 된다. 그러나 전 국민의 은행 계좌에 매달 지급액을 입금한다면 운영비용(러닝코스트)은 그다지 들지 않는다. 2016년 1월부터 일본에서 마이 넘버 제도(사회 보장·세금 번호 제도)가 실시되었는데, 마이 넘버와 은행 계좌가 연결된다면 이와 같은 비용이 들지 않는 기본 소득제를 도입하기 위한 환경이 조성된다.

기본 소득의 계산 ⁜

다음으로, 하라다 유타카의《기본 소득제》를 참고하면서 기본 소득제에 관한 재정적인 계산을 간단히 해 보자.

기초 연금의 정부 부담이나 아동 수당, 고용 보험, 생활 보험 등은 기본 소득제의 도입과 함께 폐지된다. 또한 중소기업 대책비나 공공 사업 예산, 농림수산업비 등도 소득 보상이 목적인 측면이 있으므로 부분적으로는 삭감이 가능하다.

하라다는 이와 같이 생각하고 합계 36조 엔을 기본 소득제의 재원으로 돌릴 수 있다는 결론을 내렸다. 이 책에서도 이 결론을 따르도록 하겠다. 하라다는 지급액을 한 달에 성인 7만 엔, 아동 3만 엔으로 잡았는데, 여기에서는 좀 더 단순화해서 성인과 아동 모두 1인당 한 달에 7만 엔(연 84만 엔)으로 잡겠다. 이를 위해 필요한 연간 예산 약 100조 엔에서 36조 엔을 뺀 나머지인 64조 엔을 전부 소득세 증세로 충당한다고 가정한다.

일본인의 소득은 250조 엔 정도이므로 25퍼센트 세율의 소득세를 새로 부과하면 64조 엔을 갹출할 수 있다. 실제로는 누진 과세를 하는 방법도 생각할 수 있지만, 여기에서는 단순화를 위해 증세분에 대해서는 모든 소득에 같은 세율을 적용키로 하겠다. 25퍼센트 세율의 소득세 증세를 실시했을 경우의 연간 소득과 증세액의 관계는 [그림 5-1]과 같다.

현재 개인의 평균 연간 소득은 약 400만 엔이다. 연간 소득이 평균인 사람은 그중 25퍼센트인 100만 엔을 새로운 세금으로 부담하게 된다. 이것을 보면 100만 엔씩이나 증세를 하면 어떻게 먹고 살라는 것이냐는 생각이 들 것이다. 이것이 바로 기본 소득제를 둘러싼 논의에서 사람들이 빠지기 쉬운 함정이다. 연간 소득이 400만 엔인 사람의 '순부담'은 1인 세대라면 증세액 100만 엔에서 기본 소득 수급액 84만 엔을 뺀 16만 엔에 불과하다(그림5-1).

기본 소득제를 도입하면 커다란 부담이 발생하는 것처럼 느껴질지도 모르지만, 연간 소득이 평균 수준인 사람의 '순부담'은 1년에 16만 엔인 것이다. 똑같이 생각하면 연간 소득이 336만 엔인 사람은 1인 세대일 경우 세액이 기본 소득 수급액과 똑같은 84만 엔이 되어 손해도 이익도 없게 된다. 연간 소득이 336만 엔보다 많은 사람에게는 순부담

[그림5-1] **연간 소득과 증세액의 관계**

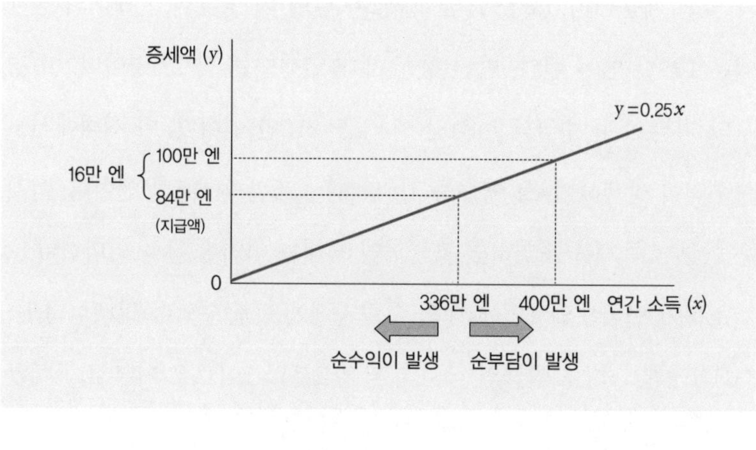

증세액 (y)

$y = 0.25x$

16만 엔 { 100만 엔
84만 엔
(지급액)

0

336만 엔   400만 엔   연간 소득 (x)

← 순수익이 발생   순부담이 발생 →

(손해)이 발생하고 적은 사람에게는 순수익(이익)이 발생한다(그림5-1).

다만 연간 소득 336만 엔 이상인 모든 사람에게 순부담이 발생하는 것은 아니다. 연간 소득이 400만 엔인 사람이 전업 주부와 자녀 한 명을 부양하고 있다고 가정하자. [표5-1]의 사례1과 같이 3인 가족의 기본 소득 수급액은 84만 엔×3=252만 엔이다. 증세액이 100만 엔이므로 이 세대(가족)에는 순수익이 발생하며, 그 금액은 252만 엔-100만 엔=152만 엔이다(단, 현재 아동 수당 등을 지급받고 있을 경우는 그 금액을 더 빼야 한다). 따라서 자녀를 키우고 있는 대부분의 평균적인 세대가 기본 소득제의 도입으로 혜택을 받게 된다. 이렇게 되면 자녀를 많이 낳아서 키우는 것이 이익이 된다. 이것은 매우 바람직한 일로, 이 정도의 과감한 지원을 실시하지 않는다면 저출산을 해소하기는 불가능할 것이다.

'개인'의 평균 연간 소득은 약 400만 엔이지만, '세대'별 연간 평균 소득은 약 500만 엔이다. 이것은 세대주 이외의 가족이 일하는 경우가 있기 때문이다. [표5-1]의 사례2와 같이 이 평균적인 세대의 증세액은 125만 엔이 된다. 한편 평균 세대 인원수는 약 2.5명이며, 이 경우의 기본 소득 수급액은 84만 엔×2.5=210만 엔이다. 이 세대에서도 순수익이 발생하며, 그 액수는 210만 엔-125만 엔=85만 엔이다. 이것은 기본 소득제를 도입하면 평균적인 세대는 이익을 봄을 의미한다.

소득이 연금뿐인 1인 세대의 고령자에게도 순수익이 발생한다([표5-1]의 사례3). 기초 연금의 국고 부담은 2분의 1이므로 기본 소득제를 도입하는 대신 이 국고 부담을 없애면 현재 연 96만 엔(월 8만 엔×12) 정도의 기초 연금은 절반인 48만 엔이 된다. 그러나 이 금액이 줄어든다는 이유로 기본 소득제 도입에 반대하는 것 또한 성급한 판단이다. 기본 소득제를 통해 연 84만 엔을 지급받으므로 기초 연금만으로 살던 고령자의 수입은 48+84=132만 엔이 된다. 소득이 연간 96만 엔에서 132만 엔으로 36만 엔 늘어나는 것이다(단, 연금에 새로운 소득세가 부과되지 않는다고 가정했다).

그렇다면 대체 누가 손해를 보는 것일까? 연간 소득이 2,000만 엔에 전업 주부와 자녀 두 명을 부양하고 있는 사람의 경우, 증세액은 500만 엔이고 세대의 기본 소득 수급 총액은 4인 가족이므로 336만 엔이 된다. 이런 고소득층에 이르러서야 비로소 164만 엔 정도의 순부담이 발생한다([표5-1]의 사례4).

[표5-1] 기본 소득 수급액과 증세액

	세대 연간 소득	세대 구성	증세액 (수입 감소액)	수급액	순수익/부담
사례1	400만 엔	3인	100만 엔	252만 엔	152만 엔의 순수익
사례2	500만 엔	2.5인	125만 엔	210만 엔	85만 엔의 순수익
사례3	연금 96만 엔	1인	연금 48만 엔 감소	84만 엔	36만 엔의 순수익
사례4	2,000만 엔	4인	500만 엔	336만 엔	164만 엔의 순부담

따라서 기본 소득제 도입에 대한 고소득층의 반발은 당연히 예상
되지만, 이 문제만 해결할 수 있다면 충분히 실현 가능한 제도임을
알 수 있을 것이다.

순수 기계화 경제에서
기본 소득제가 지니는 의미

그렇다면 미래에 찾아올 '순수 기계화 경제'에서 기본 소득제는 어떤 의미를 지닐까? 인터넷 게시판인 2ch에는,

먼 미래에는 기계한테 노동을 시키고, 인간은 기본 소득을 받으면서 살 수 있게 되려나?

라는 글이 올라왔다. 또한 모라벡은,

장래에는 재원을 더욱 넓히고 로봇 기업으로부터 법인세를 징수함으로써 돈을 모아서 인간에게 연금을 지급할 수 있도록 하면 된다.[43]

언젠가는 모든 인간이 '연금'을 받을 수 있게 될 것이다.[44]

라고 말했다.

이 '연금'이 의미하는 것은 요컨대 기본 소득이다. 모라벡이 '연금'이라는 말을 사용한 이유는 고령자뿐만 아니라 모든 사람이 은퇴하고 새로운 지성체인 로봇에 세계의 패권을 넘긴다는 의미를 담았기 때문이다.

어쨌든, 익명의 2ch 사용자부터 고명한 AI 연구자에 이르기까지 적지 않은 사람이 AI가 고도로 발달한 미래에는 기본 소득제가 필요하다고 주장하고 있다. 나는 AI가 발달한 미래가 아니라 지금 당장이라도 기본 소득제를 도입해야 한다고 생각한다. 생활 보호에 비해 훨씬 우수한 사회 보장 제도이기 때문이다.

다만 지금의 일본에서는 거의 모든 사람이 일해서 얻은 소득으로 최소한 이상의 생활을 영위하고 있는 탓인지 기본 소득제의 필요성을 느끼는 사람이 적은 듯하다. 일본에서 생활 보호를 받고 있는 사람의 비율은 1.7퍼센트 정도이며, 절대적 빈곤율(최소한의 의식주를 해결하는 데도 어려움을 겪는 가난한 사람들의 비율)은 4퍼센트 이하다. 그러나 AI가 고도로 발달한 결과 일해서 소득을 얻는 것이 결코 당연한 일이 아닌 사회가 찾아온다면 기본 소득제를 도입하는 편이 좋다는 생각에 이르는 사람이 늘어나지 않을까?

앞에서 이야기했듯이 AI의 발달로 고용을 빼앗겨 수입원이 끊긴 사람이 늘어나면 생활 보호의 적용 대상을 확대해야 하게 되며, 이에 따라 생활 보호의 문제점도 커질 것이기 때문이다. 게다가 애초에 노동자의 대부분이 생활 보호의 대상이 된다면 생활 보호의 규모는 기본 소득제와 별반 차이가 없게 된다. '노동자의 대부분이냐 국민 모두냐' 하는 차이밖에 없다. 그렇다면 더더욱 문제점이 많은 생활 보호를 기본 소득제로 대체해야 하지 않을까?

재원은 일단 소득세, 소비세, 상속세, 법인세 중 어느 것이어도 상관없다. 물론 어느 것이 기본 소득제의 재원으로서 더 적절할지 결론을 내리려면 수많은 논의가 필요하겠지만, 앞에서 소득세를 재원으로 삼는다고 가정하고 계산한 결과를 봐도 알 수 있듯이 현재의 경제 상태에서도 기본 소득제는 충분히 실현 가능하다.

세액의 확대에 맞춰서 지급액을 늘릴 수도 있다. 계속 월 7만 엔 같은 초라한 액수로 한정시킬 필요는 없다. 만약 소득의 일정 비율, 가령 25퍼센트를 기본 소득제의 재원으로 사용한다는 규칙을 채용한다면 기본 소득의 액수는 경제 성장률과 같은 비율로 증가하게 된다. 극단적인 인플레이션만큼은 발생하지 않도록 주의해야 하지만, 이런 규칙을 바탕으로 기본 소득의 지급액을 폭발적으로 늘리는 것은 아마도 가능하리라 생각된다.[45] 이렇게 해서 기본 소득 지급액을 증가시킨다면 AI의 발달 끝에 찾아올 한없이 풍요로운 경제의 혜택을 일부 사람이 아닌 모든 이가 누릴 수 있게 될 것이다.

그러나 만약 기본 소득제와 같은 사회 보장 제도가 없다면 대부분의 사람에게 미래의 경제는 암담함 그 자체가 될 수도 있다. 기본 소득제가 없는 AI는 디스토피아를 부른다. 그러나 기본 소득제가 있는 AI는 우리에게 유토피아를 선사할 것이다.

맺음말

인간의 궁극적인 가치를
되새기며

　　수년도 더 전의 일이지만, 여성 패션 잡지인 〈앙앙 anan〉을 읽다가 '유용성'에 관해 생각한 적이 있다. '유용성'이라는 것은 20세기 전반에 프랑스의 사상가이자 소설가였던 조르주 바타유 Georges Bataille가 제시한 개념으로, 요컨대 '도움이 되는 것'을 의미한다. 바타유는 유용성을 비판하는 듯한 사상을 전개했다.

　　자본주의가 지배하는 이 세상을 살아가는 사람들은 유용성에 현혹되어 도움이 되는 것만을 지나치게 중시하는 경향이 있다. 미래를 대비해 자격증을 따기 위한 공부를 하는 것은 말할 필요도 없이 유용하다. 그런데 그 공부는 미래의 이익을 위해 현재를 희생하는 행위라고도 말할 수 있다. 현재라는 시간이 미래에 '예속'되고 있는 것이다. 바타유는 유용한 행위로 가득한 인생은 노예적이라고 생각했다.

도움이 되기 때문에 가치가 있는 것은 도움이 되지 않게 된 순간 가치를 잃는다. 따라서 그 가치는 독립적이 아니다. 회계사 자격증은 회계 소프트웨어의 보급으로, 운전면허는 자율 주행 자동차의 보급으로, 영어 회화 능력은 자동 통역기의 보급으로 유용하지 않게 되어 가치를 잃을지도 모른다.

바타유는 '유용성'에 '지고성至高性'을 대치시켰다. '지고성'은 도움이 되든 말든 상관없이 가치가 있는 것을 의미한다. 그리고 '지고의 순간'이란 미래에 예속되지 않는, 그 자체로 충족된 기분이 되게 하는 순간이다. 이런 지고의 순간을 만들어 주는 것은 노동자가 하루 일을 마치고 마시는 포도주 한 잔이기도 하고, '봄날 아침에 초라한 거리의 풍경을 신비하게 바꾸는 찬란한 햇살[46]'이기도 하다.

다만 주의해야 할 점은 바타유가 시장에서 교환 가치를 지닌 것을 폄하하고 그렇지 않은 것을 찬양한 것은 아니라는 사실이다. '기적적인 감각'을 가져다주는 포도주 한 잔은 슈퍼마켓의 주류 코너에서 사온 것이어도 상관없다. 바타유가 경멸한 것은 포도주를 집에서 담그지 않고 슈퍼마켓에서 사 오는 행위가 아니라 더할 나위 없는 도취감을 가져다주는 포도주를 '폴리페놀은 몸에 좋아.'라며 미래의 건강을 위한 수단으로 바꿔 버리는 옹졸한 사고 회로였다. 바타유는 "이런 인간은 시를 모르고, 영예를 모른다. 이런 인간의 눈에는 태양도 칼로리원源에 불과하다.[47]"라고 말했다.

또한 우리 근대인은 인간에 대해서조차 유용성의 관점에서만 바라보게 되어, 인간은 모두 사회에 도움이 되어야 한다는 편협한 생각에 사로잡혀 있는 듯이 보인다. 현대 사회에서 실업은 사람들에게 수입이 끊기는 것 이상의 타격을 준다. 즉 인간으로서의 존엄성을 빼앗기는 것인데, 이것은 우리가 유용성에서밖에 자신의 존엄성을 발견하지 못하는 슬픈 현대인임을 보여준다. 자신을 사회에 도움이 되는 도구로서 종속시키는 것이다. 바타유는 이 점을 비판하며 이렇게 말했다.

"하늘의 무수한 별은 일 따위 하지 않는다. 이용에 종속되는 행위 따위는 아무것도 하지 않는다.[48]"

인간의 궁극적인 가치는 유용성에 있지 않다. 타인에게 도움이 되고 있는가, 사회에 공헌하고 있는가, 돈을 벌고 있는가 같은 것은 최종적으로는 아무래도 상관없는 문제다. 경리를 담당하고 있기 때문에 가치가 있다고 간주되는 사람은 정보 기술이 경리 업무를 전부 담당하는 날이 오면 그 가치를 잃게 된다. 다른 일자리로 옮기더라도 마찬가지다. 그 업무 또한 AI나 로봇에 빼앗길 가능성이 있기 때문이다.

요컨대 유용성은 보편적인 가치가 아니라 파도가 밀려오는 백사장에 쓴 낙서가 파도에 씻겨 내려가듯이 언젠가는 사라질 운명인 것이다.

AI나 로봇의 발달은 진정으로 가치 있는 것이 무엇인지 명확히 해준다. 만약 궁극적으로 인간에게 가치가 있다고 한다면 그것은 인간의 삶 자체에 가치가 있다는 뜻이 된다. 기계가 발달한 끝에 인간이 일자리를 잃는다. 도움이 되는 것이 인간의 가치의 전부라면 대부분의 인간은 언젠가 존재 가치를 잃고 만다. 따라서 도움이 되든 안 되든 상관없이 인간에게는 가치가 있다는 가치관으로 전환이 필요하다.

애초에 자신이 타인에게 필요하다고 여겨지는 존재인지 아닌지로 고민하는 것은 근대인 특유의 병이며 자본주의가 가져온 가치 전도顚倒의 산물이다. 게다가 가치 전도가 일어난 사실조차 의식하지 못할 만큼 우리는 유용성을 중시하는 세계에 익숙해져 버렸다.

유용성을 극도로 중시하는 근대적인 가치관은 자본주의의 발전과 함께 성장해 왔다. 자본주의는 생산물을 전부 소비하지 않고 일부를 투자에 돌려서 자본을 증식시킴으로써 확대 재생산을 하는 경제로 생각할 수 있다. 더 큰 투자는 훗날 더 큰 이익을 낳기 때문에 자본주의는 미래를 위해 현재를 희생시키는 심리 경향을 유발하고 온갖 사물을 미래의 이익을 위한 유용한 투자로 간주하는 사고방식을 세상에 퍼뜨렸다.

경제학에서 '자본'은 보통 공장이나 기계 등의 생산 설비를 의미하지만, 종종 지식이나 기능을 지닌 인간도 생산에 투입되는 자본으로 취급된다. 후자의 경우는 특히 '인적 자본'이라고 불리며, 교육은 인적 자본에 대한 투자로 간주된다. 이 관점에서 보면 초등학교에 들어가서부터 정년퇴직할 때까지의 인생은 투자 기간과 투자 회수 기간으로 규정할 수 있다. 입시 공부를 위해 학원에 다니는 것은 많은 경우 이 관점에 따른 것이다. 아이의 시간이 미래의 부를 위해 바쳐지고 있는 것이다.

자본주의가 발달함에 따라 학술은 진리를 추구하는 것 혹은 인간을 자유롭게 하는 것으로서의 가치를 잃어 왔다. "지식이 그 자체로 좋은 것, 또 일반적으로 말해 넓고 인간미 넘치는 인생관을 만들어내는 방법이 아니라 단순한 기술의 한 요소로 간주되게 된[49]" 것이다. 나아가서는 미래의 부를 만들어내는 수단으로서의 가치가 강조되고 있으며, 그런 가치를 지니지 못한 학술 분야는 존망의 기로에 서 있다. 학술적 연구가 투자 물건처럼 취급되는 것이 현실이다. 그리고 이제는 여성 패션 잡지에 '섹스로 아름다워진다.'라는 제목의 특집 기사가 실리기에 이르렀다. 지고성의 전형인 에로티시즘조차도 아름다워지기 위한 투자로 간주되고 있는 것이다.

　이런 생각을 하면서 나는 현대를 살아가는 사람들의 주도면밀함에 슬픔을 느꼈다. 그러나 모든 것을 투자 안건으로 간주해야 직성이 풀리는 근대인의 습성도 언젠가는 소멸될 것이다. 바타유는 자신의 저서인 《저주의 몫》에서 '보편 경제학'의 구상을 제시했다. 이것은 필요를 충족시키기 위해 생산한다는 통상적인 경제학과는 반대로 과잉 생산된 재화를 어떻게 '탕진(소비)'하느냐에 관해 논하는 경제학이다. 다른 말로 표현하면 바타유가 '한정 경제학'이라고 부르는 통상적인 경제학은 '희소성의 경제학'이며, 보편 경제학은 '과잉성의 경제학'이다.[50]

　이미 우리는 과잉 생산된 재화를 어떻게 탕진할지 고민해야 하는 사회를 살고 있다. 공급에 대해 수요가 항상 부족한 탓에 발생한 일본의 디플레이션 불황을 바타유적 문제로 파악할 수도 있다. 다만 다행인지 불행인지, 이 사회에 이미 원하는 물건을 전부 손에 넣어서 소비가 포화된 부자들만이 살고 있지는 않다. 그래서 여전히 화폐량을 늘려 소비 수요를 환기시키는 정책이 효과를 보인다. 그런데 범용 AI가 출현한 뒤에는 폭발적인 경제 성장이 가능해져 상상하기도 어려울 만큼 풍요로운 생산의 시대가 찾아올 것이다. 모든 사람이 소비에 싫증을 내게 되는 그때, 세계는 완전히 바타유의 것이 된다. '희소성의 경제학'이 몰락하고 '과잉성의 경제학'이 지배하는 것이다.

바타유는 노동을 하지 않아도 생활에 필요한 것이 충족되며 과잉 소비를 할 수 있는 과거의 왕후 귀족 같은 사람을 '지고자至高者'라고 불렀는데, 미래의 세계에서는 모두가 지고자가 될 수 있을지도 모른다.

파리에서 바타유가 '보편 경제학'의 착상을 부풀리고 있었던 바로 그 시기에 도버 해협 건너편에서는 케인스가 경제학의 '일반 이론'을 고안했다. 이 둘은 각각 '공급의 과잉'과 '수요의 부족'을 강조했으며, 표리의 관계라고 할 수 있다. 그런 케인스는 지금으로부터 약 80년 전에 100년 후의 사람들은 하루 3시간만 일하면 충분해질 것이라고 예언했다. 물론 이대로 20년이 지나도 케인스의 예언이 실현되지는 않을 것이다. 그러나 AI가 고도로 발달한 미래의 사회에 기본 소득제가 도입된다면 노동 시간의 극적인 단축이 가능해진다. 평균적인 시민의 노동 시간이 거의 제로가 되는 미래도 생각할 수 있다.

이와 같은 경제에서는 임금으로 측정되는 인간의 유용성이 그다지 중요하지 않게 된다. 임금 노동에 소요하는 시간이 인간의 활동 시간 중 극히 일부에 불과해지기 때문이다. 그리고 남은 여가 시간의 대부분은 미래의 이익을 획득하기 위해서가 아니라 현재의 시간을 즐기기 위해 사용될 것이다.

케인스는 미래에 관해 이런 말도 했다.

우리는 다시 한 번 수단보다 목적을 높이 평가하고 효용보다 선을 선택하게 될 것이다. 우리는 이 시간, 오늘 하루를 고결하게 잘 보내는 방법을 가르쳐 줄 수 있는 사람, 사물 속에서 직접적인 즐거움을 찾아 낼 수 있는 사람, 땀 흘려 일하지도 실을 잣지도 않는 들판의 백합 같 은 사람을 존경하게 될 것이다.[51]

'사물 속에서 직접적인 즐거움을 찾아내는 것'은 바로 바타유가 말 하는 지고성이다. 케인스의 이 예언이 실현되는 날, 유용성의 권위는 땅에 떨어지고 지고성이 되살아날 것이다.

1 IHS Automovite의 자율 주행 자동차 시장 예측.

2 2016년 5월, 하부 요시하루 명인의 예왕전叡王戰 참가가 결정되면서 하부 명인과 컴퓨터가 대전할 가능성이 농후해졌다.

3 프로 장기 기사가 공식전에서 처음으로 패한 해는 2013년이다(사토 신이치佐藤慎一 4단 대 포난자ponanza).

4 국면의 수가 일본 장기는 10의 220제곱, 바둑은 10의 330제곱이라고 한다.

5 데이비드 N. 와일《경제 성장》(시그마프레스).

6 존 메이너드 케인스《설득의 경제학》(부글북스)에 수록.

7 직업별로 학교의 평균 통학 연수를 이끌어낸 뒤 연수가 적은 쪽부터 순서대로 업종을 나열했다. 참고로, 아우터는 최근 들어 양극화의 요인으로 정보 기술의 진보보다 글로벌리즘을 중시하고 있다.

8 유엔 개발 계획 〈인간 개발 보고서 2015Human Development Report 2015〉

9 '발명'이 최초로 만들었다는 의미가 아닐 경우가 종종 있다. 일례로 "제임스 와트James Watt(1736~1819)가 증기 기관을 발명했다."라는 교과서적인 표현이 있는데, 증기 기관은 고대 그리스에도 있었으며 근대에도 와트 이전에 프랑스의 드니 파팽Denis Papin(1647~1712)이나 영국의 토머스 뉴커먼Thomas Newcomen(1663~1729) 같은 증기 기관 '발명'의 선구자들이 있다.

10 레이 커즈와일, 도쿠다 히데유키德田 英幸《레이 커즈와일 — 가속되는 테크놀로지レイ・カーツワイル—加速するテクノロジー》(일본방송출판협회).

11 예를 들면 니시카와 아사키 "업로드는 철학의 논제가 될 수 있는가?", 〈현대사상現代思想〉 2015년 12월호 특집 《인공 지능—차세대 특이점人工知能—ポスト・シンギュラリティ》(세이도사)에 수록.

12 한마디로 말하면 '딥 러닝+강화 학습'으로, '심층 강화 학습' 등으로 불린다.

13 '언어의 벽'이라는 용어 자체는 이화학 연구소의 다카하시 고이치가 제시한 것이지만, 이 책에 있는 이 용어에 관한 설명은 나 자신의 생각에 바탕을 둔 것이다.

14 다니구치 다다히로《기호 창발 로보틱스 — 지능의 메커니즘 입문記号創発ロボティクス—知能のメカニズム入門》(고단샤 선서 메티에).

15 '언어의 벽'과 함께 '생명의 벽'이라는 말도 다카하시 고이치가 제시한 것이다. 그러나 이 책에서는 '생명의 벽'에 관해 내 나름의 생각을 전개했다.

16 마쓰바라 히토시松原仁 "인공 지능의 현재 — 무엇이 가능하고 무엇이 불가능한가?", 〈미타평론三田評論〉 1190호 · 2015년 6월호(게이오기주쿠)에 수록.

17 (16)과 같음.

18 니시가키 도루^{西垣通} "지知를 둘러싼 유치한 망상", 〈현대사상〉 2015년 12월호 특집《인공 지능—차세대 특이점^{人工知能—ポスト・シンギュラリティ}》(세이도샤)에 수록.

19 '범용 목적 기술'에 관한 문헌으로 엘하난 헬프만^{Elhanan Helpman} 편저《범용 목적 기술과 경제 성장^{General Purpose Technologies and Economic Growth}》(The MIT Press)이 있다.

20 로마 클럽이라는 싱크탱크가 〈성장의 한계〉라는 보고서를 발표한 시기는 1972년이다.

21 리오타르 자신은《포스트모던적 조건》(민음사)에서 1950년대 말엽에는 포스트모던의 조짐이 나타났다고 말했다.

22 예를 들면 아즈마 히로키^{東浩紀}《동물화하는 포스트모던—오타쿠를 통해 본 일본 사회》(문학동네).

23 데이비드 N. 와일《경제 성장》(시그마프레스).

24 경제학의 관점에서 말하면 기술은 '비경합성'과 '비배제성'이라는 두 가지 성질을 충족시키는 '공공재'이기 때문에 확산된다.

25 경제학적으로 보면 기술은 가로등과 같은 '공공재'이므로 정부에 그 발달을 촉진할 의무가 있는 셈이다.

26 이탈리아의 경제학자인 루이지 파시네티^{Luigi Pasinetti}는 기술적 실업을 수요 부족에 따른 실업으로 규정했다.

27 나는 '수요 부족은 단기적인 문제다.'라는 거시 경제학의 교과서적인 견해에 비판적이다. 자세한 내용은 이노우에 도모히로 "장기 디플레이션 불황의 이론적 가능성 — 뉴 케인지언 모델과 화폐적 성장 모델의 통합",《리딩스: 정치 경제학에 대한 수리적 접근^{リーディングス: 政治経済学への}

数理的アプローチ》(게이소서방)을 참조하기 바란다.

28 재정 정책 전반에 대해 부정적인 것은 아니므로 주의하기 바란다. 공공 사업이 아니라 가계에 돈을 뿌리는 정책에는 오히려 긍정적이다.

29 기시모토 미오岸本美緒《청 시대 중국의 물가와 경제 변동清代中国の物価と経済変動》(겐분출판).

30 이론적인 측면에 관해서는 이노우에 도모히로 "장기 디플레이션 불황의 이론적 가능성 — 뉴 케인지언 모델과 화폐적 성장 모델의 통합",《리딩스: 정치 경제학에 대한 수리적 접근リーディングス: 政治経済学への数理的アプローチ》(게이소서방)을 참조하기 바란다.

31 토마 피케티는 로봇만이 일하는 경제를 '순수 로봇 경제'라고 불렀다. 이 책에 나오는 '순수 기계화 경제'라는 표현은 이를 모방한 것이다.

32 마르크스 경제학에서는 '노동'과 '노동력'을 명확히 구별하지만, 여기에서는 양자를 특별히 구별하지 않는다. 따라서 본문 중의 '노동'은 '노동력'과 다른 의미를 담은 개념이 아니다.

33 Y를 산출량, A를 기술 수준, K를 자본, L을 노동으로 놓고 $Y=AK^aL^{1-a}$이라는 콥-더글라스 생산 함수를 가정한다. 또한 $K=sK-\delta K$이며, s는 저축률, δ는 자본 감모율을 나타낸다. 그리고 $L/L=0$, $A/A=g$라고 한다. 단, g는 일정한 기술 진보율이다. 그러면 정상 상태의 경제 성장률은 $Y/Y=g/(1-a)$가 된다. 이것은 성장률 Y/Y가 기술 진보율 g에 의존해서 결정됨을 의미한다. 예를 들어 $a=0.4$라면 정상 상태의 Y/Y는 g의 약 1.7배가 된다. 기술 진보율 g가 1퍼센트라면 성장률 Y/Y는 약 1.7퍼센트다.

34 Y는 산출량, A는 기술 수준, K는 자본이며, AK형 생산 함수 $Y=AK$를 가정한다. s는 저축률, δ는 자본 감모율이며, $K=sY-\delta K$라고 한다. 또한 $A/A=g$라고 하고, 기술 진보율 g를 일정하다고 가정한다. 이때 경제 성장률

은 Y/Y=sA(0)egt-δ+g가 된다. 이것은 성장률 Y/Y가 지수함수적으로 성장함을 의미한다.

35 이탈리아의 경제학자 피에로 스라파^{Piero Sraffa}(1898~1983)의 저작《상품의 상품 생산 — 경제 이론 비판 서설^{The Production of Commodities by Means of Commodities: Prelude to a Critique of Economic Theory}》(유히카쿠)의 제목을 살짝 변형시켰다.

36 드왕고 인공 지능 연구소 소장인 야마카와 히로시^{山川宏}가 한 말이다.

37 마르크스《경제학-철학 수고》(이론과실천).

38 마쓰오 다다스《케인스의 역습, 하이에크의 혜안^{ケインズの逆襲' ハイエクの慧眼}》(PHP신서)을 참조하기 바란다.

39 한스 모라벡《샤키의 아이들 — 인간의 지성을 뛰어넘는 로봇의 탄생은 가능한가?^{Robot: Mere Machine to Transcendent Mind}》(슈에이샤).

40 와카타베 마사즈미 교수의 표현을 빌렸다.

41 야마모리 도루^{山森亮}《기본 소득제 입문^{ベーシック・インカム入門}》(분코사 신서).

42 오자와 슈지^{小沢修司}《복지 사회와 사회 보장 개혁 — 기본 소득제 구상의 신지평^{福祉社会と社会保障改革—ベーシック・インカム構想の新地平}》(다카스가출판)에서는 사회 보장을 '현금 지급'과 '물적 지급'으로 분류했는데, 이것은 이 책에서 말하는 '빈곤자 지원', '장애인 지원'과 얼추 대응된다.

43 (39)와 같음.

44 (39)와 같음.

45 그때 중앙은행의 화폐 발행 수익을 기본 소득제의 재원으로 삼는 것은 유망한 정책으로 생각되지만, 이 책에서는 이 점에 관한 논의는 생략했다.

46 조르주 바타유《저주의 몫》(문학동네). 일본 출간 버전은《지고성 — 저

주받은 부분(보편 경제론의 시도)(至高性—呪われた部分^{普遍経済論の試み})》
(인문서원).

47 조르주 바타유《저주의 몫》(문학동네). 일본 출간 버전은《저주받은 부분
— 유용성의 한계^{呪われた部分—有用性の限界}》(지쿠마학예문고).

48 (47)과 같음.

49 버트런드 러셀^{Bertrand Russell}《게으름에 대한 찬양》(사회평론).

50 사에키 게이시(佐伯啓思)《경제학의 범죄 — 희소성의 경제에서 과잉성
의 경제로^{経済学の犯罪 稀少性の経済から過剰性の経済へ}》(고단샤 현대신서).

51 존 메이너드 케인스《설득의 경제학》(부글북스).

옮긴이 김정환

건국대학교 토목공학과를 졸업하고 일본외국어전문학교 일한통번역과를 수료했다. 21세기가 시작되던 해에 우연히 서점에서 발견한 책 한 권에 흥미를 느끼고 번역의 세계를 발을 들여, 현재 번역 에이전시 엔터스코리아 출판기획 및 일본어 전문 번역가로 활동하고 있다.

경력이 쌓일수록 번역의 오묘함과 어려움을 느끼면서 항상 다음 책에서는 더 나은 번역, 자신에게 부끄럽지 않은 번역을 할 수 있도록 노력 중이다. 공대 출신의 번역가로서 공대의 특징인 논리성을 살리면서 번역에 필요한 문과의 감성을 접목하는 것이 목표다. 야구를 좋아해 한때 imbcsports.com에서 일본 야구 칼럼을 연재하기도 했다.

옮긴 책으로는 『1초 만에 재무제표 읽는 법』『트위터 혁명』, 『교양경제학』, 『앞으로 데이터 분석을 시작하려는 사람을 위한 책』, 『비즈니스 모델 2025』, 『2020 시니어 트렌드』, 『도요타 정리술』, 『노후파산』, 『쓸모 있는 인문수업 생명과학』 등 다수가 있다.

2030 고용절벽 시대가 온다

초판 1쇄 발행 2017년 4월 25일

지은이 이노우에 도모히로
옮긴이 김정환

발행인 곽철식
편집 김영혜 권지숙
발행처 다온북스

출판등록 2011년 8월 18일
주소 서울 마포구 토정로 222, 415호
전화 02-332-4972 팩스 02-332-4872

인쇄와 제본 민언프린텍

ISBN 979-11-85439-75-4 03320